Almanach BREIZH 2023

VAGNON

CALENDRIER 2023

JANVIER

1	D	**Jour de l'an**	
2	L	Basile	1
3	M	Geneviève	
4	M	Odilon	
5	J	Édouard	
6	V	Mélaine	
7	S	Raymond	○
8	D	Épiphanie	
9	L	Alix	2
10	M	Guillaume	
11	M	Pauline	
12	J	Tatiana	
13	V	Yvette	
14	S	Nina	
15	D	Rémi	◖
16	L	Marcel	3
17	M	Roseline	
18	M	Prisca	
19	J	Marius	
20	V	Sébastien	
21	S	Agnès	●
22	D	Vincent	
23	L	Barnard	4
24	M	Fr. de Sales	
25	M	Conv. de St Paul	
26	J	Paule	
27	V	Angèle	
28	S	Thomas d'Aquin	◗
29	D	Gildas	
30	L	Martine	5
31	M	Marcelle	

FÉVRIER

1	M	Ella	
2	J	Prés. du Seigneur	
3	V	Chandeleur	
4	S	Véronique	
5	D	Agathe	○
6	L	Gaston	6
7	M	Eugénie	
8	M	Jacqueline	
9	J	Apolline	
10	V	Arnaud	
11	S	N.-D. de Lourdes	
12	D	Félix	
13	L	Béatrice	◖
14	M	Valentin	7
15	M	Claude	
16	J	Julienne	
17	V	Alexis	
18	S	Bernadette	
19	D	Gabin	
20	L	Aimée	●
21	M	Mardi-Gras	8
22	M	Cendres	
23	J	Lazare	
24	V	Modeste	
25	S	Roméo	
26	D	Nestor	
27	L	Honorine	◗
28	M	Romain	9

MARS

1	M	Aubin	9
2	J	Ch. le Bon	
3	V	Guénolé	
4	S	Casimir	
5	D	Olivia	
6	L	F. des Grands-Mères	10
7	M	Félicité	○
8	M	Jean de Dieu	
9	J	Françoise	
10	V	Vivien	
11	S	Rosine	
12	D	Justine	
13	L	Rodrigue	11
14	M	Mathilde	
15	M	Louise	◖
16	J	Bénédicte	
17	V	Patrice	
18	S	Cyrille	
19	D	Joseph	
20	L	PRINTEMPS	12
21	M	Clémence	
22	M	Léa	
23	J	Victorien	
24	V	Cath. de Suède	
25	S	Annonciation	
26	D	Larissa	
27	L	Habib	13
28	M	Gontran	
29	M	Gwladys	◗
30	J	Amédée	
31	V	Benjamin	

AVRIL

1	S	Hugues	
2	D	Rameaux	
3	L	Richard	14
4	M	Isidore	
5	M	Irène	
6	J	Marcellin	○
7	V	J-B. de la Salle	
8	S	Julie	
9	D	**Pâques**	
10	L	**Lundi de Pâques**	15
11	M	Stanislas	
12	M	Jules	
13	J	Ida	◖
14	V	Maxime	
15	S	Paterne	
16	D	Benoît-Joseph	
17	L	Anicet	16
18	M	Parfait	
19	M	Emma	
20	J	Odette	
21	V	Anselme	●
22	S	Alexandre	
23	D	Georges	
24	L	Souvenir Déportés	17
25	M	Marc	
26	M	Alida	
27	J	Zita	◗
28	V	Valérie	
29	S	Cath. de Sienne	
30	D	Robert	

MAI

1	L	**Fête du Travail**	18
2	M	Boris	
3	M	Phil., Jacques	
4	J	Sylvain	
5	V	Judith	○
6	S	Prudence	
7	D	Gisèle	
8	L	**Victoire 1945**	19
9	M	Pacôme	
10	M	Solange	
11	J	Estelle	
12	V	Achille	◖
13	S	Rolande	
14	D	Matthias	
15	L	Denise	20
16	M	Honoré	
17	M	Pascal	
18	J	**Ascension**	
19	V	Yves	●
20	S	Bernardin	
21	D	Constantin	
22	L	Émile	21
23	M	Didier	
24	M	Donatien	
25	J	Sophie	
26	V	Bérenger	
27	S	Augustin de C.	◗
28	D	Pentecôte	
29	L	**Lundi de Pentecôte**	
30	M	Ferdinand	22
31	M	Visitation	

JUIN

1	J	Justin	
2	V	Blandine	
3	S	Kévin	
4	D	Fête des Mères	○
5	L	Igor	23
6	M	Norbert	
7	M	Gilbert	
8	J	Médard	
9	V	Diane	
10	S	Landry	◖
11	D	Barnabé	
12	L	Guy	24
13	M	Antoine de Padoue	
14	M	Élisée	
15	J	Germaine	
16	V	J.-F. Régis	
17	S	Hervé	
18	D	Fête des Pères	●
19	L	Romuald	25
20	M	Silvère	
21	M	ÉTÉ	
22	J	Alban	
23	V	Audrey	
24	S	Jean-Baptiste	
25	D	Éléonore	
26	L	Anthelme	◗
27	M	Fernand	26
28	M	Irénée	
29	J	Pierre, Paul	
30	V	Martial	

JUILLET

1	S	Thierry	
2	D	Martinien	
3	L	Thomas	○
4	M	Florent	27
5	M	Antoine	
6	J	Mariette	
7	V	Raoul	
8	S	Thibaut	
9	D	Amandine	
10	L	Ulrich	◖
11	M	Benoît	28
12	M	Olivier	
13	J	Henri, Joël	
14	V	**Fête nationale**	
15	S	Donald	
16	D	N.-D. Mt-Carmel	
17	L	Charlotte	●
18	M	Frédéric	29
19	M	Arsène	
20	J	Marina	
21	V	Victor	
22	S	Marie-Madeleine	
23	D	Brigitte	
24	L	Christine	30
25	M	Jacques	◗
26	M	Anne, Joachim	
27	J	Nathalie	
28	V	Samson	
29	S	Marthe	
30	D	Juliette	
31	L	Ignace de Loyola	31

AOÛT

1	M	Alphonse	○
2	M	Julien Eymard	
3	J	Lydie	
4	V	Jean-Marie Vianney	
5	S	Abel	
6	D	Transfiguration	
7	L	Gaétan	32
8	M	Dominique	◖
9	M	Amour	
10	J	Laurent	
11	V	Claire	
12	S	Clarisse	
13	D	Hippolyte	
14	L	Évrard	33
15	M	**Assomption**	
16	M	Armel	●
17	J	Hyacinthe	
18	V	Hélène	
19	S	Jean-Eudes	
20	D	Bernard	
21	L	Christophe	34
22	M	Fabrice	
23	M	Rose de Lima	
24	J	Barthélemy	◗
25	V	Louis	
26	S	Natacha	
27	D	Monique	
28	L	Augustin	35
29	M	Sabine	
30	M	Fiacre	
31	J	Aristide	○

SEPTEMBRE

1	V	Gilles	
2	S	Ingrid	
3	D	Grégoire	
4	L	Rosalie	36
5	M	Raïssa	
6	M	Bertrand	
7	J	Reine	◖
8	V	Nativité N.-D.	
9	S	Alain	
10	D	Inès	
11	L	Adelphe	37
12	M	Apollinaire	
13	M	Aimé	
14	J	Croix Glorieuse	
15	V	Roland	●
16	S	Édith	
17	D	Renaud	
18	L	Nadège	38
19	M	Émilie	
20	M	Davy	
21	J	Matthieu	
22	V	Maurice	◗
23	S	AUTOMNE	
24	D	Thècle	
25	L	Hermann	39
26	M	Côme, Damien	
27	M	Vincent de Paul	
28	J	Venceslas	
29	V	Michel	○
30	S	Jérôme	

OCTOBRE

1	D	Thérèse de l'E.-J.	
2	L	Léger	40
3	M	Gérard	
4	M	François d'Assise	
5	J	Fleur	
6	V	Bruno	◖
7	S	Serge	
8	D	Pélagie	
9	L	Denis	41
10	M	Ghislain	
11	M	Firmin	
12	J	Wilfried	
13	V	Géraud	
14	S	Juste	●
15	D	Thérèse d'Avila	
16	L	Edwige	42
17	M	Baudouin	
18	M	Luc	
19	J	René	
20	V	Adeline	
21	S	Céline	
22	D	Élodie	◗
23	L	Jean de Capistran	43
24	M	Florentin	
25	M	Enguerran	
26	J	Dimitri	
27	V	Émeline	
28	S	Simon, Jude	○
29	D	Narcisse	
30	L	Bienvenue	44
31	M	Quentin	

NOVEMBRE

1	M	**Toussaint**	
2	J	Défunts	
3	V	Hubert	
4	S	Charles	
5	D	Sylvie	◖
6	L	Léonard	45
7	M	Carine	
8	M	Geoffroy	
9	J	Théodore	
10	V	Léon	
11	S	**Armistice 1918**	
12	D	Christian	
13	L	Brice	●
14	M	Sidoine	46
15	M	Albert	
16	J	Marguerite	
17	V	Élisabeth	
18	S	Aude	
19	D	Tanguy	
20	L	Edmond	◗
21	M	Présent. de Marie	47
22	M	Cécile	
23	J	Clément	
24	V	Flora	
25	S	Catherine	
26	D	Delphine	
27	L	Avent	○
28	M	Jacques de la M.	48
29	M	Saturnin	
30	J	André	

DÉCEMBRE

1	V	Florence	
2	S	Viviane	
3	D	François-Xavier	
4	L	Barbara	49
5	M	Gérald	◖
6	M	Nicolas	
7	J	Ambroise	
8	V	Imm. Conception	
9	S	Pierre Fourier	
10	D	Romaric	
11	L	Daniel	50
12	M	Corentin	
13	M	Lucie	●
14	J	Odile	
15	V	Ninon	
16	S	Alice	
17	D	Gaël	
18	L	Gatien	51
19	M	Urbain	◗
20	M	Théophile	
21	J	Pierre C.	
22	V	HIVER	
23	S	Armand	
24	D	Adèle	
25	L	**Noël**	52
26	M	Étienne	
27	M	Jean	○
28	J	Innocents	
29	V	David	
30	S	Roger	
31	D	Sylvestre	

● Nouvelle lune ○ Pleine lune
◗ Premier quartier ◖ Dernier quartier

L'ALMANACH DE LA BRETAGNE 2023

Dans cet almanach, nous allons vous parler de la Bretagne historique, celle qui va de la pointe du Raz au pays d'Ancenis, situé dans le département que la géographie contemporaine appelle Loire-Atlantique et ne rattache pas à la région Bretagne. Ce qui est une totale aberration, vous répondront bien des Bretons, trop fiers de leur région pour en abandonner si facilement une partie aussi importante. Vaste débat, qui n'est pas près d'être clos ! En tout cas la Bretagne est une région fascinante, riche d'un passé incroyable, d'une culture et d'une tradition que rien ne semble pouvoir éteindre, d'un patrimoine matériel et immatériel impressionnant, et d'une multitude de légendes qui contribuent à construire son mythe et à lui donner une place plus que singulière dans l'Histoire de France.

Un almanach, c'est donc bien peu pour tout raconter, il y a tant à dire ! Dans ces pages vous trouverez tout de même plus de 250 anecdotes, qui se rapportent à la géographie, à la faune et à la flore, au patrimoine, à l'architecture, à la gastronomie, à la langue, aux personnalités, aux traditions, aux légendes et aux jeux et sports propres à la région.

Bonne lecture !

Les auteurs

Nadine Urvois est professeur de breton dans l'éducation nationale. Passionnée de culture bretonne et auparavant très investie dans le milieu culturel breton, elle est aujourd'hui conseillère municipale déléguée à la culture bretonne à Quimper.

Raymond Le Lann est professeur des écoles en retraite. Référent en danses et en costumes bretons, il parcourt la France pour transmettre ses connaissances et anime depuis plus de 50 ans les ateliers de danse du Festival de Cornouaille à Quimper.

Lundi 26 — Étienne — ☼ 8h27 — 17h08

Mardi 27 — Jean — ☼ 8h28 — 17h09

Mercredi 28 — Innocents — ☼ 8h28 — 17h10

Jeudi 29 — David — ☼ 8h28 — 17h10

Qui suis-je ?

J'ai 4 oreilles et 48 dents, je représente à la fois les 4 saisons, les 52 semaines d'une année et les 24 heures d'une journée ! J'ai été créé à Nantes en 1886 par Louis Lefèvre-Utile, s'inspirant des productions anglaises de l'époque. Je mesure 65 mm de long et 54 mm de large. Mon épaisseur est de 6,5 mm. Je pèse 8,33 g. Mon nom est inscrit sur moi, je suis décoré de 24 poinçons, sur 4 lignes et 6 colonnes.

Le petit-beurre Lu.

Légendes

Le carillon de Confort-Meilars

La roue à carillon de Confort est l'une des 7 roues de ce type encore en état de marche. C'est aussi une des plus grandes, avec ses 1,75 m de diamètre et ses 12 clochettes. Les roues à carillon étaient également appelées *rod ar fortun*, roue de la fortune. On les faisait sonner à l'occasion des baptêmes, mais c'est surtout au-dessus de la tête de jeunes enfants affectés de défaut de la parole qu'on les utilisait. Au XVIe siècle, Alain de Rosmardec aurait obtenu la guérison de son enfant muet grâce à celle de Confort. En reconnaissance, il fit construire l'église de et offrit la roue en *ex-voto*.

Géographie

La ruée vers l'or

De l'or en Bretagne ? Au XIXe siècle, la falaise de la mine d'or de Pénestin dans le Morbihan a été exploitée en tant que mine d'or. Mais faute de rendement elle s'est arrêtée à la Première Guerre mondiale. D'une couleur ocre et jaune rappelant celles du métal précieux, vieille de plus d'un million d'années, elle offre un paysage atypique pour la Bretagne, unique en Europe. Ce n'est toutefois pas l'or qui donne à la falaise sa couleur orange mais le contact entre l'eau et le fer contenu dans les sols.

Vendredi 30 — Roger — ☼ 8h28 / 17h11

Samedi 31 — Sylvestre — ☼ 8h28 / 17h12

Dimanche 1er — Jour de l'an — ☼ 8h28 / 17h13

ARCHITECTURE

La maison la plus étroite de Rennes

Elle se trouve au 10 rue de Penhoët, c'est une maison à pans de bois qui date du XVIIe siècle et qui mesure 2 m de large. Sa voisine n'est pas beaucoup plus grande !
Cette rue s'appelait autrefois la rue de la Fracasserie car elle était habitée par des serruriers et des forgerons qui faisaient un fracas continuel !

Patrimoine

La gavotte

Danse typique de Basse Bretagne, en ronde, elle se pratique en chaîne ou en cortège de couple. Le style varie d'un terroir à l'autre, avec des variantes à l'intérieur de chaque terroir !

Météo

	L	M	M	J	V	S	D

NOTES ....

Lundi 2 — Basile — ☼ 8h28 — 17h14

Mardi 3 — Geneviève — ☼ 8h28 — 17h15

Mercredi 4 — Odilon — ☼ 8h28 — 17h16

Jeudi 5 — Édouard — ☼ 8h28 — 17h17

GÉOGRAPHIE

La Sarre

C'est à la fois un *land* et une rivière en Allemagne, me direz-vous… Eh bien pas que ! Inutile de partir pour un périple de plusieurs centaines de kilomètres : en Bretagne, la Sarre, c'est une rivière de 35 km de long qui prend sa source dans les Côtes-d'Armor, à Lescouet-Gouarec, et qui se jette dans le Blavet à Melrand, dans le Morbihan. Elle est classée en 1re catégorie pour la pêche en rivière et est un havre de paix pour la loutre d'Europe.

Qui suis-je ?

Je n'ai pas changé de recette depuis 1915 : ce sont les meilleurs morceaux de porc, jambons et filets, qui me composent. Je suis conditionné dans une petite boîte bleue qui fait la renommée de mon entreprise située à Pouldreuzic dans le Finistère. Je suis l'un des symboles du patrimoine culinaire breton. Spécialiste de la conserve, mon entreprise a été choisie par le Centre national d'études spatiales pour conditionner les repas des astronautes de l'ISS, et notamment Thomas Pesquet !

Le pâté Hénaff

ARCHITECTURE

Le clocher de l'île de Groix

Il fut décidé en 1952 de surmonter la croix du clocher de l'église Saint-Tudy par un thon, Groix ayant été le principal port thonier entre 1870 et 1940. Petite précision : il est à l'envers pour éviter qu'il ne pisse sur le clocher ! À titre d'information, sur l'île d'Hoëdic, également située dans le Morbihan, c'est un autre poisson, le bar, qui remplace le coq du clocher.

Vendredi **6**
Mélaine
8h28
17h18

Samedi **7**
Raymond
8h28
17h19

Dimanche **8**
Épiphanie
8h27
17h20

Langue bretonne

Le gwenn ha du

Il s'agit d'un symbole récent, né en 1925 sous le crayon de Morvan Marchal. *Gwenn ha du* signifie littéralement « blanc et noir », couleurs historiques de la Bretagne. Mais comment peut-on expliquer la composition du drapeau breton ?

- Les mouchetures d'hermine sont au nombre de 11. Le choix de ce nombre précis ne représente rien de particulier et demeure à ce jour un mystère. En revanche, l'hermine en tant que symbole n'a rien d'anodin.

- Les quatre bandes blanches représentent les quatre pays de la Basse-Bretagne : *Bro-Leon* (Léon), *Bro-Gernev* (Cornouaille), *Bro-Wened* (Vannetais) et *Bro-Dreger* (Trégor). Le territoire de la Basse-Bretagne occupe la partie sud et occidentale de la région bretonne.

- Les cinq bandes noires représentent les cinq pays de Haute-Bretagne : *Bro-Sant-Brieg* (Saint-Brieuc), *Bro-Zol* (Dol), *Bro-Sant-Maloù* (Saint-Malo), *Bro-Roazhon* (Rennes) et *Bro-Naoned* (Nantes). Le territoire de la Haute-Bretagne, quant à lui, occupe la partie orientale de la Bretagne.

La disposition s'inspire grandement de la bannière étoilée des États-Unis d'Amérique.

Météo

	L	M	M	J	V	S	D

Patrimoine

La noce de pierre

Qui est ce Pierre dont on fête le mariage ? Mais personne ! Il n'y a pas de majuscule, car on parle ici de granit breton... On est à Brasparts, dans le Finistère, et c'est un alignement de mégalithes qui nous fait penser à un cortège nuptial. 77 menhirs, une belle noce, même si on en connaît de plus riches en nombre ! La tradition nous apprend que la vraie noce d'origine, oubliant de saluer le prêtre qu'elle avait croisé, fut ainsi punie...

NOTES..

Lundi 9	Mardi 10	Mercredi 11	Jeudi 12
Alix ☼ 8h27 / 17h21	Guillaume ☼ 8h27 / 17h22	Pauline ☼ 8h26 / 17h24	Tatiana ☼ 8h26 / 17h25

LÉGENDES

L'arbre à pommes de Plougastel - Daoulas

La cérémonie du *Breuriez* a lieu tous les ans le jour de la Toussaint, sur le placître d'une chapelle. Un *Breuriez* est un regroupement de villages. L'arbre à pommes est fait en houx ou en if, des pommes qui représentent les âmes de tous les morts de la petite communauté sont plantées aux branches. Lors de la cérémonie, l'arbre est mis aux enchères. Une fois l'arbre vendu, l'assemblée peut acheter des pains bénis ou des pommes, l'argent récolté est remis au clergé pour organiser des messes à l'intention des défunts du *Breuriez*. Celui qui détient l'arbre se doit d'organiser la cérémonie l'année suivante.

Qui suis-je ?

Je suis une pâtisserie sucrée en forme d'étoile à 6 branches ou cornes, à base de farine, de lait, d'œufs et de sucre, parfois parfumée à l'eau-de-vie ou à la fleur d'oranger. Une fête m'est consacrée tous les ans à la Haie-Fouassière où je suis née, au sud-est de Nantes. Je suis indissociable des vendanges car j'ai été créée pour accompagner la dégustation du vin nouveau. On peut dire que j'ai des cousines en Anjou et en Vendée.

La fouace nantaise

GÉOGRAPHIE

Erquy : lac et carrière

Le lac d'Erquy est suspendu à flanc de falaise, perché à 40 m au-dessus du port. Il offre un surprenant et magnifique point de vue sur la baie et sur la ville. Il est né de l'excavation des carrières d'où l'on extrayait le grès rose. Le grès rose d'Erquy est le fruit d'une superposition de couches de sable, datant de plus de 450 millions d'années. Sa couleur due à la présence d'oxyde de fer, ainsi que sa dureté, en fait un matériau noble, surtout employé au début du XXe siècle dans la construction et le pavage des rues, y compris de Paris et des grandes villes de France, jusque dans les années 1930. Des hommes que l'on appelait les « sabots râpés » ont taillé les pavés dans les anciennes carrières de grès rose où se sont formés les lacs.

Vendredi 13 — Yvette — ☼ 8h26 — 17h26

Samedi 14 — Nina — ☼ 8h25 — 17h27

Dimanche 15 — Rémi — ☼ 8h25 — 17h29

Gastronomie

Lambig ou lambic ?

Ne vous y trompez pas : le lambig et le lambic n'ont rien à voir ! Et pourtant on les confond souvent. Un peu comme les personnages Dupond et Dupont ! Ils sont cependant bien différents : le lambic avec un « C » est une bière belge. À une lettre près, vous vous retrouvez à l'étranger… Et même si cette bière particulière mérite d'être goûtée, on trouve beaucoup plus facilement en Bretagne du lambig que du lambic !

ARCHITECTURE

Fort-la-Latte

Le fort, situé près du cap Fréhel, compte deux châtelets avec pont-levis, une barbacane, un donjon. Il a servi de décor à de nombreux films : *Les Trois Mousquetaires*, avec Gene Kelly en 1948, *Les Vikings* avec Kirk Douglas en 1957, *Chouans* avec Philippe Noiret, Sophie Marceau et Lambert Wilson en 1987, *Ridicule* avec Charles Berling, Fanny Ardant, Bernard Gireaudeau et Jean Rochefort en 1996. D'après la légende, le menhir qui se trouve sur le chemin menant au château serait le doigt de Gargantua, il l'aurait perdu alors qu'il enjambait la Manche pour rejoindre l'Angleterre.

Météo

	L	M	M	J	V	S	D

NOTES ……………………………

Lundi 16 Marcel — ☼ 8h24 — 17h30

Mardi 17 Roseline — ☼ 8h23 — 17h31

Mercredi 18 Prisca — ☼ 8h23 — 17h33

Jeudi 19 Marius — ☼ 8h22 — 17h34

Personnage

René-Théophile Laennec

Qui est ce docteur, qui a sa statue au pied de la cathédrale de Quimper ? Ni plus ni moins que l'inventeur de l'auscultation médicale, grâce à un appareil toujours usité de nos jours : le stéthoscope ! René-Théophile-Hyacinthe Laennec est né à Quimper le 17 février 1781. Il vient à Nantes, étudier la médecine, auprès de son oncle, puis part à Paris et, en 1802, obtient les grands prix de médecine et de chirurgie. Reçu docteur en 1804, il est nommé médecin de l'hôpital Necker, et c'est là qu'il acquiert sa renommée universelle par la découverte de l'auscultation et l'invention du stéthoscope. Il fait faire de grands progrès à la médecine d'observation.

Faune et flore

La coucou de Rennes

La coucou de Rennes est une race de poule ancienne, qui a bien failli disparaître dans les années 1950, période où l'on croyait même qu'elle s'était éteinte.

Jusqu'à la fin du XIXe siècle, elle était la poule privilégiée des éleveurs bretons. Mais la coucou est une race longue à élever, car de croissance lente. Alors nombre d'éleveurs se sont tournés vers d'autres races pour améliorer leur productivité. Aujourd'hui revenue sur le devant de la scène, elle est une véritable star, figurant sur la liste des meilleures poules pondeuses, mais également mets de choix recherché pour sa délicieuse chair au goût de noisette.

Jeux & sports

Le *boultenn*

Jeu d'adresse pratiqué dans le Trégor et la Cornouaille, le *boultenn* consiste à lancer 6 boules en acier d'environ 1 kg afin d'essayer de déloger 3 autres boules calées dans les trous d'un billot de bois placé 9 m plus loin, et qui dépasse du sol d'environ 15 cm. À chaque fois que la boule centrale est chassée, elle est remplacée. Une boule de côté vaut 1 point, la centrale, 2. Lors de la finale du championnat de Bretagne, le vainqueur reçoit le *Pil Aour*, le billot d'or.

Vendredi 20 — Sébastien — ☼ 8h21 — 17h35

Samedi 21 — Agnès — ☼ 8h20 — 17h37

Dimanche 22 — Vincent — ☼ 8h20 — 17h38

Gastronomie

La crêpe dentelle

Elle aurait été inventée accidentellement ! Marie-Catherine Cornic, une Quimpéroise du XIXe siècle, dite Mme Katell (Catherine en breton), avait oublié sa crêpe sur la *billig* et l'avait donc trop cuite. Plutôt que de la gâcher, elle décida alors de la plier et la mit de côté. Le beurre et le sucre dont elle l'avait nappée l'ont caramélisée et rendue croustillante à souhait. La crêpe dentelle était ainsi née, par hasard, en 1886.

Patrimoine

Glazig : le petit bleu

Sans doute un fromage local, me direz-vous. Eh bien non, il s'agit du nom de la région autour de Quimper (29 communes) où les hommes portent un costume dont le fond est constitué de drap de laine bleu. Ensuite ce drap sera orné de velours et de broderies typiques de ce terroir. L'origine est, entre autres, l'utilisation de drap militaire, à une époque, le fameux bleu-Napoléon.

Météo

	L	M	M	J	V	S	D

NOTES..

Lundi 23	Mardi 24	Mercredi 25	Jeudi 26
Barnard	Fr. de Sales	Conv. de Paul	Paule
☼ 8h19 / 17h40	☼ 8h18 / 17h41	☼ 8h17 / 17h42	☼ 8h16 / 17h44

GÉOGRAPHIE

Un territoire américain à Brest ?

La tour rose de 50 m de haut qui domine le port de Brest commémore l'action de la Marine américaine dans les eaux européennes au cours de la Première Guerre mondiale. Le choix s'était porté sur Brest car c'était le principal port d'attache des navires de l'US Navy. Le monument fut construit entre 1930 et 1932 et inauguré en 1937. Entièrement détruit par les Allemands en 1941, il est reconstruit à l'identique en 1958 et inauguré en 1960, sur une concession à perpétuité octroyée par la ville de Brest aux États-Unis.

FAUNE ET FLORE

Le cheval de trait breton

Le cheval breton fait partie intégrante du patrimoine culturel de la Bretagne, c'est peu de le dire ! Au XVIIIe siècle, la région avait une véritable renommée dans l'élevage du cheval de travail. Certains pays historiques comme le Léon, partie nord du département du Finistère, ont tiré de l'élevage du cheval et des pratiques commerciales qui en découlent une bonne part de leur prospérité. Parmi les races « stars » de la région, on distingue évidemment le fameux postier breton.

Issu du croisement des juments du Léon avec des étalons norfolk anglais, ce cheval très particulier est facilement identifiable. Il est très massif, sa tête est courte et carrée, son encolure est forte, large et musclée. Ses jambes sont courtes mais elles montrent la puissance d'un animal destiné à travailler dur. Sa robe est généralement alezane, mais on rencontre pas mal de variantes. le postier rustique, avec toutes sa force, sa puissance, son énergie, a été l'une des principales races tirant les omnibus de voyageurs à la fin XIXe siècle, après avoir été allègrement exploité par les services de poste et l'armée.

L'apogée des exportations de chevaux se situe dans les années 1900-1940. À l'époque, des trains remplis d'équidés quittent la gare de Landivisiau pour toutes les régions de France et des bateaux partent pour des destinations dans le monde entier. On retrouvera des chevaux bretons partout, jusqu'au Japon !

Vendredi 27
Angèle
8h15 – 17h45

Samedi 28
Th. d'Aquin
8h14 – 17h47

Dimanche 29
Gildas
8h13 – 17h48

Langue bretonne

Les Johnnies de Roscoff

Les Johnnies sont les marchands d'oignons de Roscoff, dans le Finistère. À partir de la moitié du XXe siècle, ils embarquaient l'été pour aller vendre leurs légumes chez les Anglais. Ils allaient de porte en porte, sur des vélos bardés de chapelets d'oignons roses. Il pouvait y avoir 60 kg de chaque côté du guidon ! L'oignon de Roscoff est réputé pour sa couleur rosée et son goût sucré. Il bénéficie d'une AOP.

Patrimoine

Aéroplane en pays lorientais

Parle-t-on d'un club d'amateurs de sensations en vol libre ? Mais non, l'aéroplane lorientais, c'est simplement le surnom donné à la coiffe locale. C'est un plateau de dentelle épinglé sur un bonnet qu'on appelle le béguin, renfermant le cheveu ramassé en chignon… Le tout offre une grande résistance aux vents, qu'ils soient de terre ou de mer.

Météo

	L	M	M	J	V	S	D

NOTES ....

EN ROUTE VERS LA BRETAGNE !

Le but de ce jeu est de relier les bonnes données entre elles à l'aide d'indices et d'une grille de résolution. Quand vous avez trouvé un « match » entre deux propositions, mettez un « O » pour « oui » dans la grille. Quand vous êtes en mesure d'éliminer avec certitude une combinaison entre deux propositions, mettez un « N » pour « non » ou une croix dans la case correspondante.

Quatre touristes partent en vacances en Bretagne la même semaine.
Retrouvez quel jour chacun part et quelle est sa destination.

	LUNDI	MARDI	JEUDI	VENDREDI	VANNES	AUDIERNE	QUIMPER	MORLAIX
BENJAMIN								
MARJORIE								
NADINE								
PAUL								
VANNES								
AUDIERNE								
QUIMPER								
MORLAIX								

Indices

- Nadine doit se rendre à Morlaix un jour avant Paul.
- Benjamin est parti après Paul.
- Marjorie est partie un jour après le garçon qui va à Audierne.
- Ce n'est pas une fille qui va à Quimper.

MOTS MÊLÉS

Retrouvez les 35 noms de lieux bretons cachés dans la grille ci-dessous.
Ils peuvent être écrits à l'endroit ou à l'envers, à l'horizontale, à la verticale ou en oblique, et la même lettre peut servir à plusieurs mots.
Une fois tous les mots trouvés, les lettres restantes formeront le nom de la commune sur laquelle se trouve le phare d'Eckmühl.

Liste de mots

Auray • Aven • Baud • Brech • Brest • Bruz • Callac • Carnac • Chtou • Crac'h • Crozon • Dol • Elven Erquy • Étel • Goëlo • Guer • Guingamp • Lanester • Langoat • le Conquet • Léon • Lizio • Locminé Mauron • Perros-Guirec • Redon • Rennes • Rhuys • Rohan • Roscoff • Scaër • Sizun • Theix • Uzel

L	E	C	O	N	Q	U	E	T	A	V	E	N
L	I	R	O	S	C	O	F	F	D	O	L	T
O	B	Z	Q	S	I	Z	U	N	P	E	H	N
C	E	R	I	U	G	S	O	R	R	E	P	P
M	L	T	E	O	Y	D	T	O	I	R	R	M
I	A	G	E	C	M	U	H	X	A	E	N	A
N	N	U	O	L	H	A	C	R	U	A	O	G
E	E	C	R	E	N	B	E	G	R	C	Z	N
Z	S	V	A	O	L	N	A	H	A	S	O	I
U	T	C	L	L	N	O	U	H	Y	D	R	U
R	E	N	O	E	L	Y	U	Z	E	L	C	G
B	R	E	S	T	S	A	C	R	A	C	H	R
L	A	N	G	O	A	T	C	A	R	N	A	C

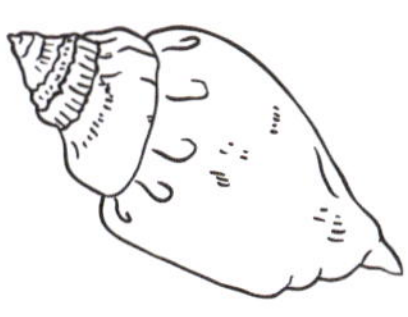

TEXTE À TROUS

Certains mots de ce texte se sont brouillés et ont été remplacés par leurs anagrammes. Saurez-vous les remettre en place, sans tenir compte des accents, et reconstituer le texte original ?

Les filles, **dangers**................, belles, **cherifas**................, ont la **pietonir**............... écrasée
dans un **tilge**............... de **pard**............... qui forme **creusais**................, les étreint,
ne laissant même pas **viendre**............... leur gorge **épuisants**................et martyrisée.
Et elles sont **coffeies**............... d'une étrange façon. Sur les **septme**................,
deux plaques **derobés**............... en couleur **decernant**............... le visage,
serrent les cheveux qui tombent en nappe, puis remontent se **astres** ....
au sommet du crâne sous un **glusirien**............... **benton**................,
tissu souvent d'or et d'argent.

Extrait de *En Bretagne*, Guy de Maupassant.

BRETON OU PAS BRETON ?

Parmi ces remparts, lesquels ne sont pas bretons ?

1

2

3

4

❷ Ce sont les remparts de Carcassone.

Les autres photos représentent les remparts de Vannes, de Saint-Malo et de Dinan.

janvier/février

Lundi 30 — Martine — ☼ 8h12 — 17h50

Mardi 31 — Marcelle — ☼ 8h11 — 17h51

Mercredi 1er — Ella — ☼ 8h09 — 17h53

Jeudi 2 — Présentation — ☼ 8h08 — 17h54

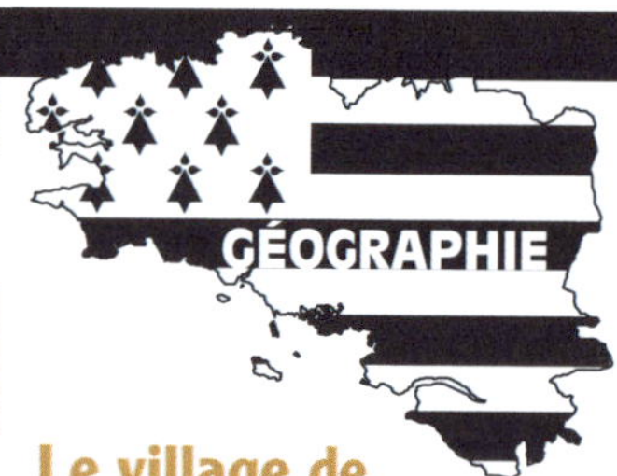

Le village de Poul-Fetan à Quistinic

À Poul-Fetan, chaque maison raconte l'âme de la Bretagne à travers les familles qui y ont vécu voilà plus de 150 ans... Dans cet incroyable village breton aux toits de chaume, situé dans un site naturel exceptionnel, on vit encore en 1850 et les habitants, en costumes d'époque, nous invitent à perpétuer des gestes ancestraux : fabrication du beurre, du pain, tressage de corde, filage de la laine, tournage sur bois... À l'auberge, la soupe cuit encore dans la cheminée et on déguste les spécialités avec une cuillère en bois. Vous jouerez aux jeux traditionnels, et frissonnerez des histoires de korrigans...

Qui suis-je ?

Je suis représentée sur la photo ci-dessous au carnaval de ma ville natale, Nantes. Je suis née en janvier 1477 et morte à l'âge de 36 ans. J'ai épousé par procuration Maximilien d'Autriche, puis deux rois de France : Charles VIII en 1492 et Louis XII en 1499. Mon cœur repose également à Nantes, dans un reliquaire d'or.

Anne de Bretagne

ARCHITECTURE

Le Renouveau à Beg-Meil

Ce village vacances fut réalisé à partir de 1965 grâce à l'appui de la société Renouveau qui avait vocation à promouvoir les vacances familiales. L'architecture singulière imaginée par l'architecte Henri Mouette (1927-1995) et le sculpteur Pierre Székaly (1923-2001) se compose d'unités d'habitations cylindriques, bulles faites d'étonnantes formes rondes et blanches, référence au monde marin et sous-marin qui leur ont valu le nom de village des Barbapapas, de la guerre des étoiles ou des igloos.

Vendredi 3 — Blaise — ☼ 8h07 / 17h55

Samedi 4 — Véronique — ☼ 8h06 / 17h57

Dimanche 5 — Agathe — ☼ 8h04 / 17h58

Patrimoine

La pierre de Coadry

Les plus beaux gisements du monde de staurotide, ou croisette de Bretagne, sont situés entre Coray, Coadry et Scaër dans le Finistère. La forme si curieuse en croix droite ou de saint André, due à l'interpénétration de deux cristaux, est connue sous le nom de macles.
Ces pierres en croix qui sortent des champs après les labours, en période pluvieuse, sont là « comme des rappels à l'ordre, des symboles de religion ». Selon la légende, c'est Dieu lui-même qui a marqué les pierres de Coadry de son signe, un jour ou des iconoclastes abattaient des calvaires.
Des pratiques ancestrales se rapportent à ces cristaux, comme le raconte Jacques Cambry : « *Les pauvres les vendent aux pèlerins, aux étrangers ; il est peu de ménages où l'on n'en conserve pas comme préservatifs, comme talisman contre les naufrages et les chiens enragés ; on les croit propres à guérir les maladies d'yeux ; des religieuses en faisaient des sachets, qu'on suspendait au cou.* » Mieux, selon un vieux proverbe cornouaillais : « Montez au haut d'un arbre et cassez-vous le cou, les pierres de Coadry vous protègent de tout. »

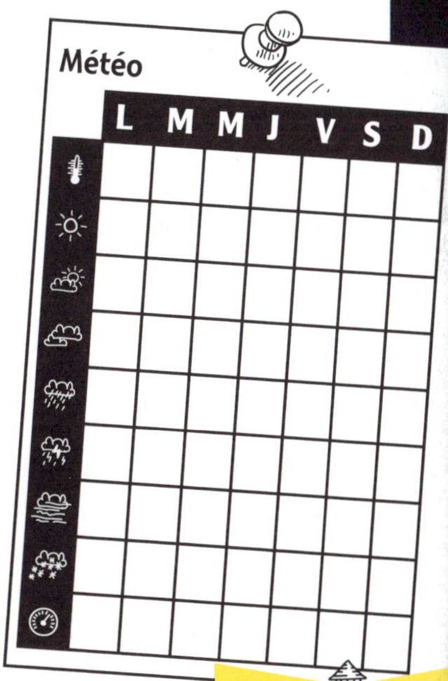

Gastronomie

Le petit-gris de Rennes

Une espèce d'escargot peut-être ? Pas du tout, c'est une variété de melon ! Le petit-gris de Rennes, ou petit rennais, est une variété ancienne de melon cultivée dans le pays rennais. Il est caractérisé par une petite taille, une robe gris-vert et un goût très sucré, mais également par une culture difficile et une grande fragilité. Particulièrement adaptée aux cultures situées au nord de la Loire, la variété est de type charentais.

NOTES ....

Lundi 6 — Gaston — ☼ 8h03 — 18h00

Mardi 7 — Eugénie — ☼ 8h02 — 18h01

Mercredi 8 — Jacqueline — ☼ 8h00 — 18h03

Jeudi 9 — Apolline — ☼ 7h59 — 18h04

Personnage

La Robin des Bois *made in* Bretagne

Marie-Louise Tromel, dite Marion du Faouët, est née le 6 mai 1717, au Faouët. Elle connaît une enfance misérable qui va la marquer à vie et façonner son destin. Elle passe très rapidement du statut d'enfant mendiant à celui d'adolescente rebelle et voleuse, avant de devenir carrément cheffe de bande : à 23 ans, elle est à la tête de toute une troupe de brigands qui comptera jusqu'à une quarantaine de membres. Elle a établi son quartier général sur les bords de la rivière Ellé, à environ un kilomètre du Faouët, gagnant ainsi son surnom. Elle déroule une vie digne des héroïnes de roman : avec sa chevelure flamboyante et ses taches de rousseur emblématiques, elle dépouille les riches sans violence et sans bain de sang et épargne les pauvres. Précurseur du combat féministe et bandit de grand chemin, elle écume la région en se cachant partout où elle peut – la grotte du diable à Huelgoat et le manoir du Bodénou sont cités comme des QG de la bande –, trimballant quatre enfants nées d'un mariage secret avec un autre brigand, Henri Pezron. Finalement arrêtée en 1754, elle est condamnée à mort. La légende dit que même torturée, elle ne lâche aucune information sur ses compagnons. Marion du Faouët est pendue sur la place Saint-Corentin à Quimper le 2 août 1755 devant une foule rassemblée pour assister à son exécution. C'est ainsi qu'elle entre dans la légende : elle avait 38 ans.

Gastronomie

Le lambig

Les boissons alcoolisées fabriquées à base de pommes sont nombreuses, notamment dans l'ouest de la France. Le lambig, par exemple, est un produit phare du terroir de Bretagne qui vaut le détour, bien qu'il soit plus confidentiel que ses renommés collègues, le cidre breton et le calvados normand. Cet alcool est très ancien : des recherches font remonter ses origines au VIIIe siècle. Son nom pourrait être un dérivé d'« alambic », l'appareil avec lequel on distille des alcools, de pomme ou autres. Le lambig est vieilli en fût de chêne (local, bien entendu). C'est un alcool plutôt fort, 40° environ, mais son goût est fruité et curieusement doux, avec un parfum boisé.

Vendredi 10 — Arnaud — ☼ 7h57 — 18h06

Samedi 11 — ND de Lourdes — ☼ 7h56 — 18h07

Dimanche 12 — Félix — ☼ 7h55 — 18h09

LÉGENDES

La cérémonie du Proella à Ouessant

C'est un rite funéraire attesté à l'île d'Ouessant depuis 1734. Le marin ayant péri en mer ne pouvait être inhumé en terre chrétienne, alors une petite croix de bois ou de cire symbolisait son corps. La proella était veillée à la place du corps. La proella est à la fois la petite croix et la cérémonie funèbre. Cette cérémonie avait l'avantage de « légaliser » le décès du disparu. Après l'office du défunt, on plaçait la proella dans une urne près de l'autel du Rosaire. Lorsque l'urne était pleine, on la portait au cimetière où, depuis 1868, un petit mausolée accueille toutes les urnes.

Qui suis-je?

Je suis né à Nantes le 8 février 1828. La plus grande partie de mon œuvre est consacrée à des romans d'aventures et de science-fiction appelés romans d'anticipation qui fascinent autant de lecteurs enfants que d'adultes. Je suis un des écrivains les plus traduits au monde. Ma collection « Voyages extraordinaires » compte 62 romans et 18 nouvelles. Un musée m'est dédié dans ma ville natale.

Jules Verne

Météo

L	M	M	J	V	S	D

NOTES ....

Lundi 13 — Béatrice — ☼ 7h53 — 18h10

Mardi 14 — Valentin — ☼ 7h52 — 18h12

Mercredi 15 — Claude — ☼ 7h50 — 18h13

Jeudi 16 — Julienne — ☼ 7h48 — 18h15

ARCHITECTURE

Le temple de Lanleff

Lanleff pourrait être un temple gallo-romain, ou un baptistère mérovingien. Certains veulent aussi y voir un sanctuaire d'origine celtique : les Celtes ayant toujours affiché un profond respect pour le symbolisme du cercle, la forme atypique du monument pourrait leur être attribuée.

Aujourd'hui, les chercheurs se rejoignent pour dater la construction de l'édifice au XIe siècle. Il est de style roman, et son magnifique granit rose lui confère une austérité toute monastique. Quant à sa forme en cercle, il semblerait que ses inspirations soient en vérité plus palestiniennes que celtiques. Le « temple » de Lanleff est sans doute le plus ancien édifice du haut Moyen Âge encore visible en Côtes-d'Armor, voire en Bretagne.

Il est remarquable par ses deux enceintes concentriques, et en particulier pour les 12 arcades de la rotonde intérieure qui restent debout et en bon état. On a, en outre, compté plus de 140 éléments décoratifs ornant les chapiteaux et les bases des colonnes. Le charme du bâtiment se trouve renforcé par le mystère de son origine…

Qui suis-je ?

Je suis le seul département français à ne pas porter un nom français ! Mon nom vient du breton et signifie « petite mer ».

Le Morbihan

Vendredi 17 — Alexis — ☼ 7h47 — 18h16

Samedi 18 — Bernadette — ☼ 7h45 — 18h18

Dimanche 19 — Gabin — ☼ 7h44 — 18h19

Gastronomie

Le chouchen

Boisson alcoolisée obtenue par la fermentation du miel avec du jus de pomme, vieillie dans des fûts en bois pendant plusieurs mois, le chouchen a longtemps eu mauvaise réputation. En effet, bien que son degré d'alcool ne soit pas si élevé, on lui prêtait des effets dévastateurs… Celui qui abusait un peu trop du chouchen tombait en arrière, se réveillait trois jours plus tard avec de terribles courbatures et des maux de tête épouvantables ! Ces effets renversants venaient sans doute du mode de production du miel d'autrefois. Pour récolter le miel, on devait étouffer les abeilles dans la ruche. Les abeilles mortes se mélangeaient donc au miel récolté et leur venin se retrouvait dans le chouchen produit. L'effet anesthésiant du venin d'abeille sur le cervelet, centre de l'équilibre chez l'homme, faisait alors basculer les buveurs abusifs !

Personnage

Georges Cadoudal

Georges Cadoudal, né à Brec'h en 1771, est une figure emblématique de la chouannerie bretonne. Après avoir rallié dans un premier temps les idées révolutionnaires, il bascule dans le camp de la chouannerie. Il se fait alors remarquer pour plusieurs raisons : une force physique prodigieuse, une culture générale étendue et une intelligence tactique redoutable. Il est très vite promu chef d'escadron dans l'armée insurgée. Ayant pris la tête de l'Armée royale et catholique de Bretagne, il se livre à une vaine tentative de complot contre Napoléon. Il est arrêté et guillotiné à Paris en 1804. Ses restes reposent dans un mausolée consacré à sa mémoire, à Kerléano en Auray. Le mausolée, commencé en 1825 et achevé en 1852, est une rotonde néoclassique. À l'intérieur, la présence de Cadoudal est signalée par un obélisque, qui indique également la présence de Pierre-Mathurin Mercier dit la Vendée (1774-1801), autre personnalité militaire marquante, commandant de la légion de Vannes et de l'Armée catholique et royale des Côtes-du-Nord lors de la Chouannerie et de la guerre de Vendée, compagnon de Cadoudal, qui fut fusillé.

Météo

	L	M	M	J	V	S	D

NOTES ....

Lundi 20 Aimée ☼ 7h42 18h20

Mardi 21 Mardi-Gras ☼ 7h40 18h22

Mercredi 22 Cendres ☼ 7h39 18h23

Jeudi 23 Lazare ☼ 7h37 18h25

GÉOGRAPHIE

Le village de l'an mil

Nous sommes en Vallée du Blavet, dans le Morbihan intérieur, sur la commune de Melrand, sur une hauteur au pied de laquelle coule une petite rivière qui serpente jusqu'à la Sarre. Découvert en 1902 par un archéologue, ce site a été exceptionnellement bien conservé. Un hectare et demi de vestiges de maisons, de rues, de cours très visibles s'offre au promeneur. En parcourant ce site, on peut mieux saisir ce que cultivaient les paysans du Moyen Âge et dans quel type de maison ils vivaient. En effet, des habitations, un four à pain ou encore un poulailler ont été reconstitués pour donner au visiteur toute la dimension de cet univers passé. L'aire à battre le seigle au fléau, la maison du tanneur, la bergerie, c'est l'ensemble des bâtiments nécessaires aux diverses activités que l'on découvre. Les animaux de races rustiques présents permettent eux aussi de mieux imaginer l'univers de ces populations. Le jardin où sont présentées de nombreuses plantes attestées au Moyen Âge permet de mieux saisir comment on pouvait se nourrir, se soigner, parfumer les plats... Elles peuvent être touchées, admirées, et sont récoltées comme elles l'étaient jadis.

ARCHITECTURE

La maison dans la Loire

Non, vous ne rêvez pas : il y a bien une maison échouée dans La Loire ! Elle n'est pas arrivée là suite à une catastrophe naturelle, elle est l'œuvre d'un artiste, Jean-Luc Courcoult. Elle a été créée en 2007 pour la Biennale d'art contemporain de l'Estuaire. Cette maison de 3 étages est la reproduction en béton moulé de l'ancienne auberge du port de Lavau-sur-Loire. Au départ installée face au site du Carnet, elle est maintenant au pied de la tour de l'ancienne usine à plomb de Couéron.

Langue bretonne

D'est en ouest : gallo contre breton

On parle souvent de la Basse-Bretagne, la partie ouest de la région, et de la Haute-Bretagne, la partie est. En Basse-Bretagne, ou *Breizh Izel*, qui couvrait les évêchés de Quimper, de Saint-Pol-de-Léon, de Tréguier et de Vannes, on parlait breton. En Haute-Bretagne, ou *Breizh Uhel*, qui couvrait les évêchés de Saint-Brieuc, Dol-de-Bretagne, Saint-Malo, Rennes et Nantes, on parlait gallo.

Vendredi 24
Modeste
☼ 7h35
18h26

Samedi 25
Roméo
☼ 7h34
18h28

Dimanche 26
Nestor
☼ 7h32
18h29

FAUNE ET FLORE

L'escargot quimpérois

Il s'agit d'une variété découverte en Bretagne, mais que l'on trouve également en Cantabrie et au Pays basque. Il est de taille plutôt grande, et il est tout à fait savoureux ! Il ne cesse par ailleurs de marquer l'actualité : étant une espèce protégée, il entrave régulièrement de grands projets. En 2012, le stade brestois s'est carrément vu interdire la construction d'un centre de formation à Plougastel-Daoulas, à cause de la présence du gastéropode ! Et à Landivisiau, ses défenseurs ont entrepris de contrecarrer un plan de construction de centrale à gaz. Cet escargot se caractérise par sa coquille légèrement aplatie, de couleur brun à brun pâle, que l'on croit souvent ponctuée de taches noires. Mais ces taches sont en réalité présentes sur son corps !

Météo

	L	M	M	J	V	S	D

Patrimoine

Poch kerc'h

Cela veut dire littéralement : « sac de bouillie d'avoine ». Insulte suprême envers une amie que l'on apprécie peu ? Pas du tout : c'est simplement le surnom – certes peu flatteur – donné aux femmes de Quimper, en rapport avec la forme de leur coiffe qui a une allure pouvant faire penser à un sac de farine… tout simplement !

NOTES ....

....

....

....

....

DESSIN LOGIQUE

Nous vous indiquons des cases à noircir dans la grille, en partant de la gauche pour chaque ligne et en partant du haut pour chaque colonne.

Lignes (de haut en bas) :

Ligne	Indices
1	1
2	3
3	5
4	3
5	1 1 1
6	3 3
7	5 5
8	3 3
9	1 1 1
10	3
11	3
12	5
13	5
14	7
15	7
16	9
17	9
18	11
19	3 3 3
20	3 3 3
21	1 1 1

Colonnes (de gauche à droite) :

Colonne	1	2	3	4	5	6	7	8	9	10	11	12	13
Indices	1	1 4	3 5	5 6	1 3 7	3 1 11	5 13	3 1 11	1 3 7	5 6	3 5	1 4	1

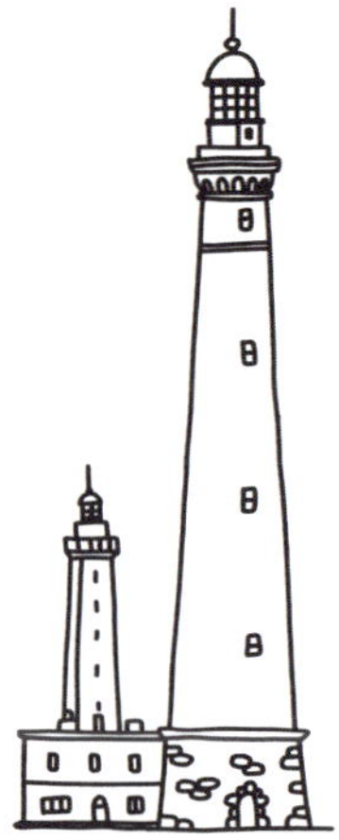

Par exemple, 3 1 dans une ligne signifient qu'on trouvera sur cette ligne d'abord une série de 3 cases noires, puis 1 case noire isolée.

Chaque case ou groupe de cases noires est séparé par au moins une case blanche.

Pour commencer, cherchez un grand chiffre, par exemple ici le 11 horizontal. Comptez 11 cases en partant de la gauche et faites une marque dans la 11e case. Comptez 11 cases en partant de la droite et faites une marque dans la 11e case. Vous pouvez noircir toutes les cases situées entre les deux marques.

N'oubliez pas de marquer aussi les cases blanches dès que vous êtes sûr qu'elles resteront blanches.

MOTS MÊLÉS

Retrouvez les 42 mots en rapport avec la mer et le nautisme cachés dans la grille ci-dessous. Ils peuvent être écrits à l'endroit ou à l'envers, à l'horizontale, à la verticale ou en oblique, et la même lettre peut servir à plusieurs mots.
Une fois tous les mots trouvés, les lettres restantes formeront le nom d'un des plus beaux villages de Bretagne, sur la côte de granit rose.

Liste de mots

algue • amarre • ancre • Arz • baie • balise • bar • Batz • bout • cabine • casier • ciré • coque • côte • crabe • dune • flotteur • gobie • Golfe • Groix • hauban • huître • île • iode • lieu • mat • mer • navire • océan • parc • pêche • plage • pointe • quai • Raz • sable • seiche • Sein • sel • surf • tacaud • vague

E	P	U	L	G	R	O	I	X	C	O	T	E
S	N	E	B	E	S	I	L	A	B	N	E	C
E	S	I	M	A	L	U	O	L	O	A	R	R
I	F	L	B	E	T	D	R	D	P	B	R	A
N	U	L	U	A	U	Z	F	F	E	U	A	P
G	E	Q	O	N	C	E	L	M	C	A	M	V
B	O	Z	E	G	H	H	O	Z	H	H	A	N
C	A	B	O	U	T	C	T	R	E	G	A	A
R	N	I	I	A	N	I	T	A	U	E	L	V
A	C	T	E	E	A	E	E	E	C	G	I	I
B	R	B	A	R	R	S	U	O	U	A	A	R
E	E	T	N	I	O	P	R	E	C	L	U	E
M	A	T	C	A	S	I	E	R	H	P	Q	D

Lundi 27 — Honorine — ☼ 7h30 — 18h30

Mardi 28 — Romain — ☼ 7h28 — 18h32

Mercredi 1er — Aubin — ☼ 7h27 — 18h33

Jeudi 2 — Ch.le Bon — ☼ 7h25 — 18h35

GÉOGRAPHIE

Le village de Ménéham, à l'abri des rochers

En breton, *Meneham* signifie « le hameau sur le mont ». Ce village se trouve sur la commune de Kerlouan, dans le Nord-Finistère. Un corps de garde a d'abord été édifié en 1756 au milieu des rochers. Sa position est stratégique : à 21 mètres au-dessus du niveau de la mer, on découvre toute la côte depuis le phare de Pontusval en Plounéour-Brignogan jusqu'à celui de l'île Vierge en Plouguerneau, le phare en pierre le plus haut d'Europe. Sa construction achevée, le corps de garde est occupé par la milice, recrutée localement par la paroisse qui se doit d'entretenir le site. Les premiers habitants de Meneham étaient donc des douaniers. Ils laisseront leur place aux paysans, pêcheurs, goémoniers à partir de 1860. Jusqu'aux années 1950, de nombreux habitants se sont succédé dans les chaumières du village de Meneham. Aujourd'hui restauré, ce petit hameau, blotti entre les rochers de la Côte des Légendes, abrite des ateliers d'artisanat d'art, un gîte d'étape, une auberge et des espaces muséographiques retraçant son histoire.

FAUNE ET FLORE

L'épagneul breton…

Est-il vraiment originaire de Bretagne ? Il semblerait que oui ! Si les différentes versions de l'histoire de ses origines s'accordent à peu près sur l'existence d'ancêtres celtes, elles sont toutefois assez éloignées les unes des autres : il pourrait être le descendant des chiens d'Oysel, ou alors de chiens importés en Armorique par les Celtes. On évoque aussi un croisement entre des setters anglais et des chiens de la région de Callac, dans les Côtes-d'Armor.

Vendredi 3 — Guénolé — ☼ 7h23 / 18h36

Samedi 4 — Casimir — ☼ 7h21 / 18h37

Dimanche 5 — Olivia — ☼ 7h19 / 18h39

Gastronomie

Le ragoût dans la motte

C'est un délicieux ragoût confectionné à partir des bas morceaux (poitrine, épaule, collier) et de légumes disponibles dans le potager. Il est cuit lentement dans les cheminées de l'île d'Ouessant, dans un feu de tourbe, qui enveloppe la marmite entièrement. Son mode de cuisson est original, caractéristique d'une île sans arbres, c'est-à-dire sans combustible ou presque. Au bois, on substitue des « mottes » extraites des pelouses littorales, prélevées à l'aide d'un instrument spécial, la « mar », qui est une sorte de bêche. La cocotte en fonte, qui abrite le ragoût, est enfouie sous un tas de mottes sèches qui va se consumer pendant quatre heures environ, et conférer au plat son parfum d'herbes fumées. Si la cuisson est réussie, les pommes de terre arboreront une jolie croûte dorée. Cette cuisson lente était adaptée à l'emploi du temps des femmes qui travaillaient toute la journée dans les champs. Jadis, à Ouessant, tout était cuisiné dans les mottes : les berniques, le poisson, le riz, le far…

Météo

	L	M	M	J	V	S	D

Patrimoine

La confrérie du Grand Ordre de la Frigousse

C'est une confrérie gastronomique créée en 1991, pour promouvoir la culture et la gastronomie du terroir rennais. Sa devise est : *dos au feu, ventre à table.*

Frigousser est un mot gallo qui signifie « mijoter ». Et autrefois la frigousse était un terme de cuisine qui désignait un bon repas, une bonne chère, ainsi qu'une recette de fricassée. Les ingrédients nécessaires sont un poulet et un canard de ferme, du pigeon, des lardons frais, de l'oignon haché, 1 bouquet garni, 1 verre d'eau-de-vie de cidre, du cidre, des marrons de Redon, des quartiers de pommes dorés au beurre, à peine caramélisés, et des petits artichauts, le tout mijoté dans une cocotte, la frigoussière.

NOTES ....

....

....

....

....

Lundi 6 — Fête des Grands-Mères — ☼ 7h17 — 18h40

Mardi 7 — Félicité — ☼ 7h16 — 18h42

Mercredi 8 — Jean de Dieu — ☼ 7h14 — 18h43

Jeudi 9 — Françoise — ☼ 7h12 — 18h44

FAUNE ET FLORE

Connaissez-vous la différence entre l'ajonc et le genêt ?

Tous deux fleurissent en Bretagne car la terre leur est favorable, leurs fleurs sont identiques. D'un jaune lumineux, l'ajonc a des épines, le genêt n'en a pas ! L'ajonc a été élu emblème de la Bretagne en 2017, tout comme le trèfle est l'emblème de l'Irlande, le chardon pour l'Écosse, le poireau pour le pays de Galles, la rose pour l'Angleterre, la feuille d'érable pour le Canada...

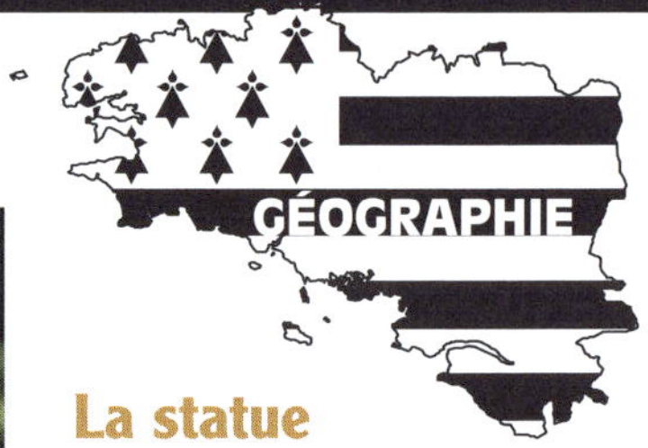

La statue de la Liberté à Gourin

Entre 1880 et 1970, ce sont plus de 100 000 Bretons de la région de Gourin qui ont émigré aux États-Unis. La première chose qu'ils voyaient en arrivant à New York était la statue de la liberté. Depuis 2020, une nouvelle statue, réplique exacte de celle de Bartholdi, pesant 450 kg et mesurant 2,90 m, de haut remplace sur la place de Gourin (Morbihan) celle en résine, offerte en 1985 par le bureau Air France de Roudouallec pour remercier les habitants des nombreux billets vendus vers le continent américain.

Vendredi **10**
Vivien
7h10 – 18h46

Samedi **11**
Rosine
7h08 – 18h47

Dimanche **12**
Justine
7h06 – 18h48

Qui suis-je ?

Je suis une légumineuse. Je suis le premier légume frais à avoir obtenu une appellation d'origine protégée. Fameux haricot blanc demi-sec, je suis cueilli, de mi-août à début octobre, selon la technique dite du plumage, en référence au geste du plumage des volailles. On me savoure aussi bien froid (en salade, en houmous…) que chaud (en purée, en soupe…). Je porte le nom d'une ville célèbre pour ses Terres-Neuvas et son festival du chant de marins.

Le coco de Paimpol

Météo

	L	M	M	J	V	S	D

Personnage

Max Jacob

Max Jacob est né en 1876 à Quimper et mort à Drancy en 1944. Depuis 1960, il est inscrit comme « poète mort pour la France ». Son recueil de poésie le plus connu est *Le Cornet à dés*. Installé à Paris pour suivre des cours de droit, il côtoie Braque, Apollinaire, Matisse, Modigliani et Picasso. Il compose de très nombreuses œuvres, de genres différents. Peintre, il réalise des gouaches inspirées de la Bretagne. En 1944, il est arrêté par la Gestapo et est déporté à Drancy. Si vous passez par Quimper, la maison natale de Max Jacob, au 8 rue du Parc, est un lieu d'expositions, de conférences, c'est également la seule maison labellisée *Maison des Illustres* du Finistère. Une association, les Amis de Max Jacob, s'y retrouve régulièrement.

NOTES ....

Lundi 13 — Rodrigue — ☼ 7h04 — 18h50

Mardi 14 — Mathilde — ☼ 7h02 — 18h51

Mercredi 15 — Louise — ☼ 7h01 — 18h52

Jeudi 16 — Bénédicte — ☼ 6h59 — 18h54

Personnage

Qui étaient les Terre-Neuvas ?

Les Terre-Neuvas étaient les pêcheurs bretons et normands qui, du XVIe au XXe siècle, allaient pêcher la morue sur les grands bancs de Terre-Neuve. Cette pêche également appelée « la Grande Pêche » a perduré pendant cinq siècles. Les campagnes de pêche duraient des mois, dans des conditions épouvantables, au large de Terre-Neuve. Pendant ce temps, les femmes, restées à terre, vivaient dans l'angoisse de perdre leur époux ou leurs enfants pendant les furieuses tempêtes de l'Atlantique nord. Dans les années 1990, un moratoire canadien a interdit la pêche à Terre-Neuve pour régénérer l'espèce. Ce fut la fin des Terres-Neuvas !

ARCHITECTURE

La cathédrale de Quimper

Beaucoup connaissent ses flèches qui encadrent une célèbre statue, mais moins savent que la cathédrale de Quimper présente une particularité architecturale peu commune : le chœur n'est pas tout à fait aligné avec la nef, et présente une très légère déviation vers la gauche ! On ne sait pas avec certitude quelle est la raison de cette particularité, et plusieurs hypothèses circulent, de la plus poétique à la plus terre à terre : écho à l'inclinaison de la tête du Christ sur la Croix, problème d'eau dans les sols, nécessité de préserver les propriétés de quelques riches donateurs... Le mystère persiste !

Jeux & sports

Le *bazh-yod*

Jeu d'opposition. Le *baz-yod* (ou bâton à bouillie) tire son image de la préparation de la bouillie d'avoine qui nécessitait l'utilisation d'un bâton court et solide. Ce jeu nécessite une planche et un bâton. Deux partenaires sont assis par terre, face à face. Il s'agit d'essayer d'arracher le bâton à l'adversaire, ou encore de tirer celui-ci vers soi.

Vendredi 17 — Patrice — ☼ 6h57 / 18h55

Samedi 18 — Cyrille — ☼ 6h55 / 18h56

Dimanche 19 — Joseph — ☼ 6h53 / 18h58

Le serpent d'océan à Saint-Brévin-les-Pins

Le serpent d'océan est échoué sur la plage de Saint-Brévin-les-Pins en Loire-Atlantique depuis 2012. Né de l'imagination de l'artiste chinois Huang Yong Ping, il apparaît au rythme des marées dans l'estuaire de la Loire. Il mesure 130 m de long et compte 135 vertèbres.

Langue bretonne

Déguiser

« Uhhhh, il est déguisé en breton / elle est déguisée en Bretonne ! » Cela s'entend parfois, mais ce n'est pas correct du tout ! *Giz* en breton, cela désigne la mode, en référence plus précisément au costume traditionnel. Donc, quand on quittait le costume, on se déguisait - on quittait sa *giz* - pour passer à la mode de la ville. Cela pouvait être juste une question de mode, ou parce que l'on était monté dans l'échelle sociale (ce qui n'était pas toujours sans susciter des jalousies), ou encore pour les besoins de la vie moderne. C'est donc l'action contraire du sens courant que connaît ce mot !

Météo

	L	M	M	J	V	S	D

NOTES ....

Mars

Lundi 20
Printemps — ☼ 6h51 — 18h59

Mardi 21
Clémence — ☼ 6h49 — 19h00

Mercredi 22
Léa — ☼ 6h47 — 19h02

Jeudi 23
Victorien — ☼ 6h45 — 19h03

Le Grand Bé à Saint-Malo, une lettre particulière ?

Le Grand Bé (ou Bey) est situé à l'embouchure de La Rance, au pied des remparts de Saint-Malo. À marée basse, c'est une presqu'île, on peut donc y aller à pied. On suppose qu'il a été habité dès la préhistoire, car on y a découvert un silex. Pendant la Seconde Guerre mondiale, les Allemands l'ont occupé et y ont implanté une batterie d'artillerie côtière.

Mais si cet îlot est connu, c'est principalement parce que c'est là qu'est enterré, face à la mer, l'illustre écrivain François-René de Chateaubriand. Il n'y a pas d'inscription sur sa tombe, une plaque est cependant posée sur le mur arrière du tombeau, où il est écrit : « Un grand écrivain français a voulu reposer ici pour n'y entendre que le vent et la mer. Passant, respecte sa dernière volonté. » Pendant des années, lors des grandes marées, un jeune homme que l'on a surnommé le « sonneur des Bés » a averti les touristes de la marée montante à l'aide d'une corne de brume, pour éviter qu'ils ne se retrouvent pris au piège. Il n'exerce plus mais le souvenir de sa corne reste bien vivace !

LÉGENDES

Le pompon rouge porte-bonheur

Le bachi ou béret est la coiffure des matelots de la Marine française, le pompon était l'aboutissement de l'assemblage du bonnet qui est tricoté d'une pièce. C'était aussi une pièce rouge visible quand le marin tombait à la mer.
Si on touche le pompon rouge d'un marin de l'index gauche sans qu'il s'en rende compte, on peut espérer 24 heures de chance !
Si le matelot s'en aperçoit et qu'il s'agit d'une jeune fille, elle doit se laisser embrasser. Si dans la même journée on réussit à toucher trois pompons, on peut avoir trois semaines de chance !

Vendredi 24
Cath. de Suède
☼ 6h43 – 19h04

Samedi 25
Annonciation
☼ 6h41 – 19h06

Dimanche 26
Larissa
☼ 7h40 – 20h07

FAUNE ET FLORE

Promenade insolite parmi les tulipes, en Finistère !

Normalement, c'est la Hollande qui est le pays de la tulipe et personne n'aurait idée d'aller en chercher en plein pays bigouden, vers La Torche, haut lieu du surf et de tous les sports de glisse maritime. Et pourtant certains l'ont fait : la famille Kaandorp, qui produit des bulbes aux Pays-Bas depuis les années 1960, a su repérer qu'il y avait là, réunies, toutes les conditions favorables à l'épanouissement de la plante : un terrain sablonneux, des hivers plutôt doux, des étés pas trop chauds... Et c'est donc toute son expérience qu'elle a apportée, en terres bigoudènes, en 1980. Aujourd'hui, ils sont devenus l'un des plus importants bulbiculteurs de France, avec une centaine d'hectares de surface d'exploitation !
À chaque printemps, donc, c'est une promenade au milieu d'une explosion de couleurs que l'on peut faire près de cette exploitation. Juste avant d'arriver au « spot » de glisse mythique, vous vous retrouverez au milieu des champs de tulipes, ou de jacinthes, ou d'iris. Quand vous en aurez pris plein les yeux et plein les narines, car la bonne odeur n'est pas en reste, vous replongez sans transition dans les paysages connus : les rochers, la plage, les embruns, les vagues.

Personnage

Jean-Marie Le Bris

Né à Concarneau le 25 mars 1817 et mort à Douarnenez le 10 février 1872, c'est un marin connu pour avoir été un pionnier de l'aviation. Il s'est inspiré du vol de l'albatros pour inventer le premier ancêtre de l'avion !

Météo

	L	M	M	J	V	S	D

NOTES ......

TEXTE À TROUS

Certains mots de ce texte se sont brouillés et ont été remplacés par leurs anagrammes. Saurez-vous les remettre en place, sans tenir compte des accents, et reconstituer le texte original ?

J'allais devant moi, sur la **troue**............ grise ferrée de granit, et **nautiles**............ quand brille le soleil. La **lapine**............ des deux côtés est plate, semée d'**joncas**............ . De place en place, une grosse pierre **ecuecho**............ entretient dans la pensée le constant **vinsoeur**............ des druides ; et le vent qui souffle au ras de terre, siffle dans les buissons épineux. Parfois, un **trubi**............ **ordus**............ , comme un coup de canon lointain, fait **frimer**............ le sol ; car j'approche de **carmenhp**............ , où la mer s'enfonce, paraît-il, en des **ervances**............ sonores. Les **males**............ engouffrées en ces trous secouent la **octe**............ entière, se font entendre jusqu'à Quimper, par les jours de **ettempe**............ .

Extrait de *En Bretagne*, Guy de Maupassant.

MOTS CROISÉS

LES VILLES DU FINISTÈRE

Remplissez la grille en vous basant sur les définitions ci-dessous. Attention : dans la grille, il n'y a ni tiret ni apostrophe, tous les noms sont écrits d'un seul tenant !

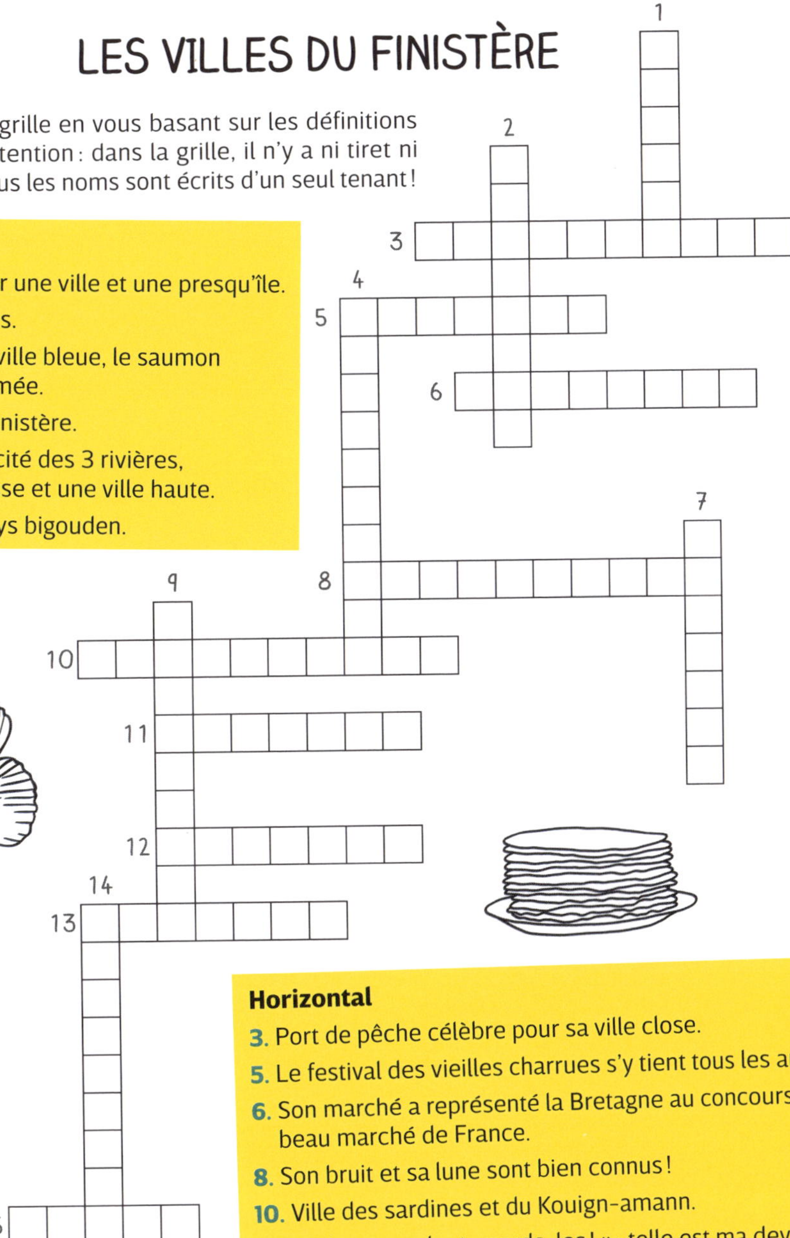

Vertical

1. Nom partagé par une ville et une presqu'île.

2. Cité des peintres.

4. Surnommée la ville bleue, le saumon a fait sa renommée.

7. Préfecture du Finistère.

9. Surnommée la cité des 3 rivières, j'ai une ville basse et une ville haute.

14. Capitale du Pays bigouden.

Horizontal

3. Port de pêche célèbre pour sa ville close.

5. Le festival des vieilles charrues s'y tient tous les ans.

6. Son marché a représenté la Bretagne au concours du plus beau marché de France.

8. Son bruit et sa lune sont bien connus !

10. Ville des sardines et du Kouign-amann.

11. « S'ils te mordent, mords-les ! » : telle est ma devise.

12. Ville de thalasso et de départ pour la Grande-Bretagne.

13. On déguste des florentins à l'ombre de son enclos paroissial.

15. Célèbre pour son tonnerre.

Lundi 27
Habib
7h38 · 20h08

Mardi 28
Gontran
7h36 · 20h10

Mercredi 29
Gwladys
7h34 · 20h11

Jeudi 30
Amédée
7h32 · 20h12

ARCHITECTURE

Les pierres debout et les chaumières de Nevez

Les maisons et les clôtures en « pierre debout », *Men Sao* en breton, se trouvent uniquement à Trégunc et Névez, dans le Finistère. C'est un mode de constructions datant des XVIIIe et XIXe siècles, unique en France, où, pour ériger les murs, on juxtaposait des orthostates de granit. Les pierres debout sont de longues pierres plates pouvant atteindre 2,70 m de haut sur 0,30 à 0,50 m de large et 0,20 à 0,25 m d'épaisseur, dressées verticalement pour constituer des murs. Dans le bourg de Névez, on peut voir un alignement de 112 pierres debout, d'une hauteur d'environ 2 m. Les pierres sont enterrées à peu près à 30 centimètres. Ce sont des éléments protégés par le label « Paysage de reconquête » depuis 1993.

FAUNE ET FLORE

Les narcisses des Glénan

L'archipel des Glénan est constitué de cinq îles principales. Sur l'une d'entre elles, Saint-Nicolas, se trouve l'une des plus petites réserves naturelles nationales de France. Cette réserve est dédiée à une espèce de fleur endémique, le narcisse des Glénan. La découverte du narcisse des Glénan remonte au XIXe siècle. On la doit à un certain M. Bonnemaison, pharmacien de Quimper. Assez abondant sur l'île de Saint-Nicolas, au début du XXe siècle, le narcisse a rapidement perdu du terrain, notamment avec le développement du tourisme. Au début des années 1970, l'arrachage des bulbes et la cueillette représentaient les deux menaces majeures pour la survie de cette plante. À l'initiative de la SEPNB (Société pour l'étude et la protection de la nature en Bretagne), qui s'appelle aujourd'hui « Bretagne vivante », le site abritant la plus importante population de narcisses de l'archipel a été classé en réserve naturelle. Cette dernière occupe une surface de 1,53 ha, dans la partie orientale de l'île de Saint-Nicolas, sur une propriété du Conseil Départemental du Finistère. Chaque printemps, des naturalistes du monde entier débarquent sur l'île à la découverte du célèbre Narcisse des Glénan : sa floraison éphémère et magnifique se prolonge habituellement tout le long du mois d'avril.

Vendredi 31 — Benjamin — ☼ 7h30 — 20h14

Samedi 1er — Hugues — ☼ 7h28 — 20h15

Dimanche 2 — Rameaux — ☼ 7h26 — 20h16

LÉGENDES

Les aboyeuses de Josselin

À la Pentecôte et au pardon de Notre-Dame du Roncier à Josselin, dans le Morbihan, des femmes émettaient des sons rauques comme des aboiements, on les appelait les aboyeuses de Josselin. La légende nous dit que des femmes se trouvant au lavoir auraient craché sur une vieille mendiante qui leur demandait l'aumône. Les lavandières la chassèrent en lançant leurs chiens contre elle. Or la mendiante était la Vierge Marie. Elle punit ces femmes en les condamnant à aboyer comme des chiens et à transmettre cette malédiction à leurs descendantes. De nombreux témoignages attestent ces sortes d'hystérie entre 1728 et 1953, et tous affirment que la crise cessait quand les femmes baisaient la statue de Notre-Dame du Roncier !

Gastronomie

Le *Kouign amann*

Spécialité culinaire de Douarnenez (Finistère), ce gâteau au beurre (*kouign*/ gâteau *amann* /beurre) est né en 1860 et est élaboré à base de pâte à pain et de beurre. On ne connaît pas l'origine de ce gâteau : pâtisserie ratée ? pain raté ? À l'époque de sa création, la farine faisait défaut, on dit donc que le boulanger aurait tenté une recette en fonction, et que le résultat lui plut !

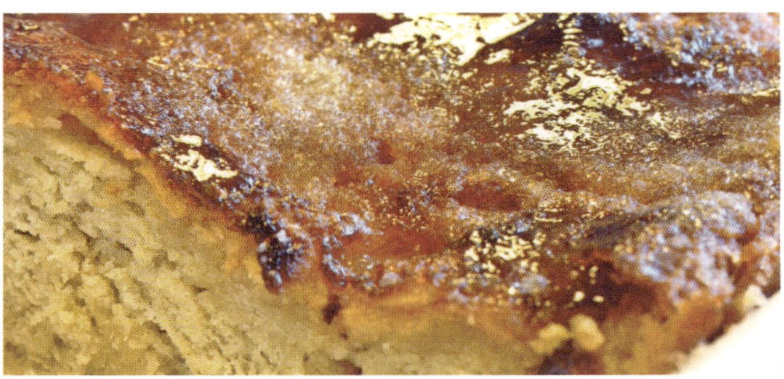

Météo

	L	M	M	J	V	S	D

NOTES ....

....

....

....

....

Lundi 3	Mardi 4	Mercredi 5	Jeudi 6
Richard — 7h24 / 20h18	Isidore — 7h22 / 20h19	Irène — 7h20 / 20h20	Marcellin — 7h19 / 20h22

Personnage

René Quillivic

René Quillivic est né à Plouhinec dans le Finistère en 1879, dans une famille de pêcheurs. La mort de son frère en mer lui fait abandonner la pêche, il devient alors charpentier de marine. En 1903, il est élève du sculpteur Antonin Mercié à l'École des beaux-arts. Sa carrière d'artiste se lance. Beaucoup de monuments aux morts sont l'œuvre de Quillivic : il représente souvent les femmes restées au pays, en costume traditionnel. En 1920, il devient directeur artistique de la faïencerie HB à Quimper. Il veut alors donner une image moderne de la Bretagne. Il utilise les motifs de la broderie traditionnelle dans les décors. C'est lui qui lance la commercialisation des mini-sculptures. Il meurt à Paris en 1969.

ARCHITECTURE

La vallée des saints

Il y a de la magie dans ce site hors-norme. Un peu comme sur l'île de Pâques… mais à la manière bretonne ! Implantée au cœur de la Bretagne, à Carnoët, la Vallée des Saints est un site touristique gratuit et unique au monde où se dressent plus de 155 géants en granit breton à l'effigie des saints bretons, ceux des Ve au IXe siècle, venus du pays de Galles, de Cornouailles, d'Irlande ou d'Écosse, mais aussi tous les saints ayant marqué l'histoire de la Bretagne. À terme, 1000 saints, des géants de pierre, peupleront cette somptueuse galerie d'art monumental à ciel ouvert, qui a depuis sa création accueilli plus de deux millions et demi de visiteurs. L'idée originelle un peu folle est devenue réalité, faisant d'un site exceptionnel l'un des hauts lieux culturels et touristiques de Bretagne. Face aux Montagnes noires et aux monts d'Arrée, les visiteurs sont invités à un voyage intemporel et artistique au cœur d'un site qui s'inscrit dans l'éternité.

Vendredi 7 — J-B. de la Salle — ☼ 7h17 — 20h23

Samedi 8 — Julie — ☼ 7h15 — 20h24

Dimanche 9 — Pâques — ☼ 7h13 — 20h25

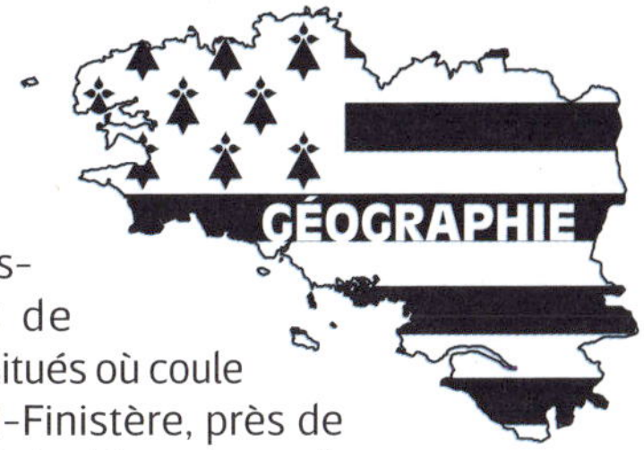

Les roches du diable

Il s'agit d'un impressionnant chaos de blocs granitiques situés où coule l'Ellé, dans le Sud-Finistère, près de Quimperlé. Saint Guénolé aurait conclu un pacte avec le diable pour construire un pont à cet endroit. En échange du pont, le maître de l'enfer devait recevoir en cadeau la première âme à le traverser. Le saint, malin, fit passer un écureuil. Alors le diable, vexé, s'enfonça dans le gouffre. Des épreuves de canoë-kayak de niveau national et international s'y déroulent régulièrement.

Le trappe de Timadeuc

Championne de la production de lait et de beurre, la Bretagne n'est pourtant pas une terre de fromages. Mais elle en compte quelques-uns quand même ! Avez-vous déjà goûté le trappe de Timadeuc ? C'est un fromage créé par les moines de l'abbaye de Timadeuc, près de Pontivy, en 1841. Il est à l'image de celui de l'abbaye du Port-du-Salut ! Le trappe de Timadeuc est un fromage artisanal à pâte pressée non cuite. Sa croûte est jaune orangée, il mesure 11 ou 20 centimètres de diamètre pour une épaisseur de 5 centimètres. Sa pâte, d'une couleur blanc ivoire est plutôt élastique, douce, avec de légers arômes de noisette.

NOTES ....

Avril

Lundi 10	Mardi 11	Mercredi 12	Jeudi 13
Lundi de Pâques — ☼ 7h11 — 20h27	Stanislas — ☼ 7h09 — 20h28	Jules — ☼ 7h07 — 20h29	Ida — ☼ 7h06 — 20h31

LÉGENDES

Savez-vous que quand Paris disparaîtra la ville d'Ys renaîtra ?

Le roi de Cornouaille, Gradlon, fit construire pour sa fille Dahut la ville d'Ys. Cette ville était protégée de la mer par une puissante digue. Une écluse fermait le port et seul Gradlon détenait la clef des écluses. Ys était une ville riche et puissante mais Dahut y menait une vie dissolue. Chaque soir, elle faisait venir un nouvel amant au palais, le tuant au petit matin en le jetant d'une falaise ! Mais un jour, un prince, vêtu de rouge, arriva dans la ville et séduisit Dahut à qui il demanda de voler les clefs de la ville.
Le diable, car c'était lui, ouvrit les écluses et la mer en furie envahit la ville et la fit disparaître dans les eaux. Avec l'aide de saint Gwénolé, Gradlon put s'enfuir à cheval mais, rattrapé par la mer, il ne put qu'abandonner sa fille pour atteindre la terre ferme. Les flots se calmèrent aussitôt. Les Bretons s'amusent à penser que Paris n'est qu'une pâle copie de la ville d'Ys car en breton Paris serait Par-Is, pareille à Ys. Un proverbe dit que quand Paris disparaîtra, la ville d'Ys renaîtra, plus belle que jamais.

FAUNE ET FLORE

La pie noir

Également appelée la Bretonne pie noir, c'est une petite vache, rustique, ancienne, qui a failli disparaître dans les années 1980. Elle est noire et blanche, d'où son nom, mais attention il n'y a pas d'« e » à noir ! Excellente reproductrice, elle a un lait riche et une viande persillée.

Langue bretonne

Le col empaillé

« Elle a un col empaillé », peut-on entendre dire à propos d'une dame en costume de l'Aven, région située autour de Concarneau, Quimperlé, Fouesnant. Peut-on naturaliser un élément de costume ? Que nenni. En réalité, c'est une erreur, il faut parler de col « paillé ». Cela fait référence à la technique d'amidonnage où l'on place des pailles dans la dentelle pour apprêter cet élément du costume. On doit y placer autant de pailles que de jours de l'année, dit-on, pour obtenir ce joli effet tuyauté qui reste lorsque les pailles ont été ôtées.

Vendredi 14 — Maxime — ☼ 7h04 — 20h32

Samedi 15 — Paterne — ☼ 7h02 — 20h33

Dimanche 16 — Benoît-Joseph — ☼ 7h00 — 20h35

ARCHITECTURE

Le Minaret de Bénodet

Beaucoup à Bénodet (Finistère) s'interrogent sur ce beau bâtiment atypique en forme de paquebot. Cet ensemble connu sous le nom de Minaret, était à l'origine une villa particulière, dite villa Magadelena ou Kermadalen, construite à partir de 1926 par Albert Laprade pour le docteur Heitz-Boyer, médecin du pacha El Glaoui de Marrakech. Le Minaret est le seul témoin en Bretagne de cette architecture influencée à la fois par les références musulmanes et par l'architecture paquebot.

Patrimoine

Le *bagad*

Un *bagad* est un ensemble musical de type orchestre, inspiré à l'origine du pipe-band écossais, interprétant des airs le plus souvent issus du répertoire traditionnel breton. Il est composé de trois pupitres : bombarde, cornemuse écossaise et percussions. Le pupitre percussions comporte toujours des caisses claires écossaises, complétées par diverses percussions non traditionnelles selon l'importance et l'identité musicale du groupe.

Météo

	L	M	M	J	V	S	D

NOTES ....

Avril

Lundi 17 — Anicet — ☼ 6h58 — 20h36

Mardi 18 — Parfait — ☼ 6h57 — 20h37

Mercredi 19 — Emma — ☼ 6h55 — 20h39

Jeudi 20 — Odette — ☼ 6h53 — 20h40

Personnage

Les *Sonerien du*

C'est certes le nom d'un célèbre groupe breton de fest-noz, mais savez-vous pourquoi ils se font appeler ainsi, les « Sonneurs noirs » ? C'est en hommage à deux sonneurs bigoudens de Pont-l'Abbé. Ces deux « Sonneurs noirs » étaient nommés ainsi car, en raison de leur pauvreté, leur costume était noir, sans broderies. Ils animaient mariages et fêtes en contrepartie du boire et du manger. Leurs prestations pouvaient durer toute la nuit et il leur arrivait souvent de s'endormir dans les fossés en rentrant chez eux. C'est ainsi qu'ils furent arrêtés en étant confondus avec deux brigands, et pendus sans procès sur la place de Pont-l'Abbé en 1786. La population cria au scandale mais rien n'y fit, triste sort !

LÉGENDES

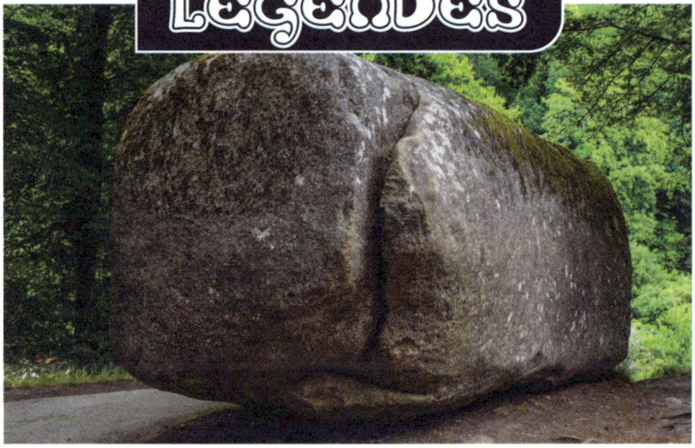

La roche tremblante à Huelgoat

Huelgoat est une commune du Finistère située en plein cœur de l'Argoat (pays du bois en breton ou Bretagne intérieure) dans les monts d'Arrée et dans le parc régional d'Armorique. Elle figure parmi les plus beaux sites naturels de pierres et de forêts en Europe et ses rochers, venus des profondeurs de la terre, émergent entre rivières et légendes. Huelgoat renferme de nouveaux sites pittoresques : le chaos, la grotte du diable, le camp d'Artus et... la roche tremblante ! Elle mesure 7 m de long sur 3 m de haut et pèse 137 tonnes. Elle vacille à cause d'une simple poussée de la main ! Mais il faut savoir le faire !

Patrimoine

Les Bretons et le beurre !

Qui dit Bretagne dit beurre, salé évidemment. Le beurre est une institution en Bretagne, on en a même fait des pardons ! L'un des derniers pardons du beurre en Bretagne a lieu à la chapelle Notre-Dame du Crann à Spézet, dans le Finistère. À cette occasion, 20 kg de beurre sont nécessaires pour confectionner une motte de beurre sculptée et décorée de motifs traditionnels avec des moules en bois. Cette motte est exposée durant le pardon. C'est étrange de trouver une motte de beurre dans une église, mais ça ne fait pas peur aux Bretons ! Les femmes se transmettent ce savoir-faire de génération en génération.

Vendredi 21 — Anselme — ☼ 6h52 — 20h41

Samedi 22 — Alexandre — ☼ 6h50 — 20h42

Dimanche 23 — Georges — ☼ 6h48 — 20h44

Langue bretonne

Tro Breizh

Ce terme signifie « Tour de Bretagne ». C'est une coutume qui date du Haut Moyen Âge. C'est un pèlerinage d'environ 550 kilomètres qui honore les saints fondateurs de Bretagne. Il relie Saint-Pol-de-Léon, Tréguier, Saint-Brieuc, Saint-Malo, Dol-de-Bretagne, Vannes et Quimper. Tout Breton se devait de le faire de son vivant sinon il était condamné à le faire au Purgatoire, mais il n'avancerait que d'une longueur de cercueil par jour !

Météo

	L	M	M	J	V	S	D

FAUNE ET FLORE

Les chauves-souris de Saint-Herbot

Saint-Herbot, sur la commune de Plonevez-du-Faou dans le Finistère, est connu pour son pardon mais aussi pour sa réserve animalière. En effet depuis 2001, une colonie de chauves-souris vit sous les combles de la chapelle et est protégée. On y trouve des grands rhinolophes, des sérotines communes, des murins de Natterer, des oreillards gris et des pipistrelles communes.

NOTES ....

LA CRÊPERIE

Le but de ce jeu est de relier les bonnes données entre elles à l'aide d'indices et d'une grille de résolution. Quand vous avez trouvé un « match » entre deux propositions, mettez un « O » pour « oui » dans la grille. Quand vous êtes en mesure d'éliminer avec certitude une combinaison entre deux propositions, mettez un « N » pour « non » ou une croix dans la case correspondante.

Quatre amis se retrouvent pour dîner dans une crêperie. Retrouvez ce que chacun a choisi comme garniture pour sa galette et comme boisson.

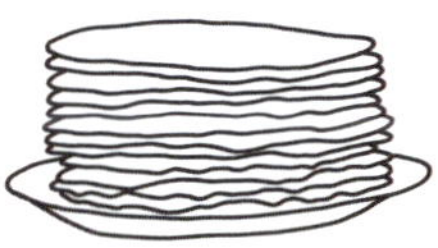

	COMPLÈTE JAMBON	COMPLÈTE SAUCISSE	MOULES À LA CRÈME	CHÈVRE ÉPINARDS	CIDRE	EAU	LIMONADE	BIÈRE
BARBARA								
CAROLINE								
DANIEL								
ÉMILE								
CIDRE								
EAU								
LIMONADE								
BIÈRE								

Indices

- Caroline a pris du cidre mais ce n'est pas elle qui a commandé la complète saucisse. Elle est allergique aux fruits de mer.
- C'est une fille qui a pris la crêpe végétarienne avec une carafe d'eau.
- Daniel n'a pris ni moules ni bière.

MOTS MÊLÉS

Retrouvez les 46 espèces présentes dans la faune sauvage bretonne cachées dans la grille ci-dessous.
Elles peuvent être écrites à l'endroit ou à l'envers, à l'horizontale, à la verticale ou en oblique, et la même lettre peut servir à plusieurs mots.
Une fois tous les mots trouvés, les lettres restantes formeront le nom d'une petite espèce de chauve-souris.

Liste des mots

araignée • bar • bulot • buse • cerf • chevêche • congre • crocidure • dauphin • dorade • églefin Eider • épervier • faisan • fou • fulmar • geai • genette • grive • grondin • harle • hibou • huitre • lérot • lieu • limande • loriot • merlu • milan • morue • moule • murin • oie • ormeau • oursin • phoque • pic • pie • pingouin • putois • renard • sole • sterne • tacaud • thon • vison

M	O	U	L	E	R	E	N	A	R	D	C	F	N	P
U	M	L	G	R	O	N	D	I	N	E	U	O	A	H
O	R	R	I	T	H	O	N	A	R	C	N	U	L	O
B	A	E	T	O	M	M	E	F	R	R	O	A	I	Q
I	N	M	O	R	O	R	D	R	S	O	L	E	M	U
H	A	R	L	E	R	A	C	F	T	C	D	M	A	E
E	S	R	U	L	U	B	H	U	E	I	U	R	N	N
S	I	E	B	P	E	V	E	L	T	D	U	O	D	I
U	A	D	H	I	S	I	V	M	T	U	T	H	E	F
B	F	I	A	N	L	S	E	A	E	R	C	V	T	E
H	N	E	R	G	N	O	C	R	N	E	I	P	A	L
L	O	R	I	O	T	N	H	E	E	R	P	I	C	G
N	I	S	R	U	O	E	E	N	G	I	A	R	A	E
P	U	T	O	I	S	I	N	I	R	U	M	S	U	A
S	T	E	R	N	E	P	E	R	V	I	E	R	D	I

TEXTE À TROUS

Certains mots de ce texte se sont brouillés et ont été remplacés par leurs anagrammes. Saurez-vous les remettre en place, sans tenir compte des accents, et reconstituer le texte original ?

Entre toutes les vieilles **vinproces**.............. de France, la **gerbante**.............. est une des plus **ruecuisse** .... ; on en peut, en dix jours, **actionner** .... assez pour en savoir le **ptamerement** ...., car chaque pays, comme chaque homme, a le sien.
Traversons-la, en quelques **linges** .... Allons **elementus** ....
de **sanven**.............. à **zederanoun**.............., en suivant la côte, la vraie côte **betonner**.............., solitaire et basse, semée d'**lieusec** ...., où le flot **gorden** .... toujours et semble **ponderer** .... aux sifflements du **tven** .... dans la **dalen**..............

Extrait de *En Bretagne*, Guy de Maupassant.

BRETON OU PAS BRETON ?

Parmi ces phares, l'un n'est pas breton. Saurez-vous trouver lequel ?

1

2

3

4

1 C'est le phare du cap Bear, dans le Languedoc.
Les autres photos montrent les phares de Men Ruz dans les Côtes-d'Armor, du Petit-Minou dans la rade Brest, et de l'île Vierge dans le Finistère.

Lundi 24
Svnr. des Déportés — 6h46 / 20h45

Mardi 25
Marc — 6h45 / 20h46

Mercredi 26
Alida — 6h43 / 20h48

Jeudi 27
Zita — 6h42 / 20h49

GÉOGRAPHIE

Saint-Cado : une maison au milieu de la rivière

La maison de Nichtarguer, ou maison de l'huître - *En Istra ar Guer* -, a été construite vers 1890, à l'initiative d'un gros négociant Étellois qui voulait se lancer dans l'ostréiculture. Ayant différents parcs ostréicoles dans la Ria, notamment autour de l'îlot, il avait souhaité la construire pour y abriter un gardien de parcs et sa famille. Les différents gardiens ont profité d'un bail délivré par l'État car la maison fait partie du domaine maritime qui est inaliénable. Depuis de nombreuses années, la mairie de Belz s'occupe de l'entretien de la célèbre petite maison aux volets bleus, joyau de la Ria d'Étel.

Personnage

Marie-Victoire de Lambilly

Marie-Victoire de Lambilly, comtesse de la Villirouët, est née le 27 avril 1767 à Rennes et morte le 12 juillet 1813 à Lamballe. Si elle n'est pas la première avocate de France, elle fut une pionnière parmi les femmes de droit. Elle plaide elle-même la défense de son mari accusé de désertion et exilé pendant la Révolution, le 23 mars 1799, devant la commission militaire à Paris, et obtient l'acquittement à l'unanimité. Il faudra attendre un siècle et une loi pour que les femmes puissent devenir avocates en France !

ARCHITECTURE

Les seins de Kerguntuil

À quelques dizaines de mètres de la route, au détour d'un champ, l'allée couverte de Kerguntuil, à Trégastel, vaut le détour. Glissez-vous sous ces dalles alignées sur près de 10 mètres et découvrez… pas moins d'une douzaine de seins !

Au-dessous de chaque paire de seins, un demi-cercle pourrait figurer un collier. Tout cela date de 2000 ans avant J.-C.

L'allée couverte a été fouillée puis restaurée en 1939. Il s'agit d'une sépulture longue de 9 mètres environ, datée du Néolithique final (vers 2000 ans avant J.-C.) à l'entrée latérale. Les 2e et 3e piliers nord sont sculptés : huit paires de bosses et un trait gravé en forme de « U ». Les archéologues pensent qu'il s'agit d'une représentation multiple de la grande déesse mère, schématisée par des seins et un collier pectoral.

D'autres seins ont traversé les siècles à Crec'h Quillé en Saint-Quay-Perros et dans l'allée couverte du Prajou à Trébeurden.

Vendredi 28
Valérie
☼ 6h40
20h50

Samedi 29
Cath. de Sienne
☼ 6h38
20h52

Dimanche 30
Robert
☼ 6h37
20h53

Patrimoine

Le galop nantais

Pensez-vous qu'il s'agit d'une épreuve hippique particulière ? Détrompez-vous ! Le galop nantais, c'est plutôt une danse traditionnelle du comté nantais, actuel département de la Loire-Atlantique, qui se pratique en duo. Elle peut se pratiquer aussi comme une danse-jeu.

Gastronomie

La godinette

La godinette est un cocktail breton originaire de la région de Rennes. Il a été créé par Simone Morand. Passionnée de culture gallèse, Simone Morand a sillonné la Bretagne gallo (partie est de la Bretagne) afin de recueillir tout ce qui a trait à cette culture. Voici comment vous pouvez le reproduire :
- 10 litres de vin blanc ;
- 5 kg de fraises (fruits rouges, éventuellement) ;
- 1 kg de sucre en poudre ;
- 1 litre de lambig (alcool de pommes).
Mélangez le tout, laissez macérer 3 à 4 jours. Délicieux !

Météo

	L	M	M	J	V	S	D

NOTES ....

....

....

....

....

mai

Lundi 1er — Fête du travail — ☼ 6h35 — 20h54

Mardi 2 — Boris — ☼ 6h34 — 20h55

Mercredi 3 — Phil., Jacq. — ☼ 6h32 — 20h57

Jeudi 4 — Sylvain — ☼ 6h31 — 20h58

Bien de chez nous !

Les feuilles OCB

On connaît assez bien cette marque de papier à rouler les cigarettes, vendue dans tous les tabacs de France. Ce que l'on sait peut-être moins, c'est qu'elle est purement bretonne ! OCB, cela signifie Odet-Cascadec-Bolloré. En 1822, Nicolas Le Marié crée une papeterie sur les bords de l'Odet, à Ergué-Gabéric, dans le Finistère. En 1861, Le Marié étant victime d'une attaque cérébrale, la main passe à Jean-René Bolloré, qui est son neveu par alliance. C'est lui qui est l'inventeur du fameux papier à cigarettes. Le succès de l'entreprise familiale étant grandissant, une seconde papeterie s'installe au moulin de Cascadec, dans la commune de Scaër, en 1893, sous l'impulsion du fils de Jean-René. Il faudra toutefois attendre 1918 pour que naisse une marque dédiée au papier à cigarettes dont les ventes ont alors explosé : c'est la naissance d'OCB !

À noter que ce sont les mêmes usines qui fournissent aux éditions Gallimard le papier très fin de la collection de La Pléiade !

Patrimoine

La coiffe bigoudène

La légende voudrait que la haute coiffe arborée par nos Bigoudènes soit une réponse aux clochers rasés lors de la révolte du Papier timbré ou révolte des Bonnets rouges au XVIIe siècle, sous Louis XIV. Or, la coiffe bigoudène n'est devenue haute qu'au XXe siècle, notamment dans l'entre-deux-guerres où elle se met à gagner un centimètre par an ! La hauteur maximale de la coiffe, qui va jusqu'à 40 cm, est atteinte au sortir de la Seconde Guerre mondiale. Cette haute coiffe était une coiffe de cérémonie. Au quotidien, les femmes ne portaient que le *boned blev*, bonnet de cheveux, et le *vouloutenn*, un simple ruban de velours noir enroulé autour du peigne et derrière lequel on dissimulait le chignon. La vie moderne et ses exigences ont favorisé le déclin des costumes traditionnels.

Vendredi 5 — Judith — ☼ 6h29 — 20h59

Samedi 6 — Prudence — ☼ 6h28 — 21h01

Dimanche 7 — Gisèle — ☼ 6h26 — 21h02

ARCHITECTURE

La cathédrale de Dol-de-Bretagne et son puits

La cathédrale de Dol-de-Bretagne possède une étonnante particularité, qui n'a été découverte qu'à la fin des années 1990 : une galerie souterraine praticable, dont on ignore encore l'utilité première, relie un puits situé à l'extérieur du monument à un autre puits, situé cette fois-ci à l'intérieur même de la cathédrale ! Le puits à l'intérieur de la cathédrale est plus ancien que celui qui est à l'extérieur – il daterait de l'époque gallo-romaine – et était dissimulé par une dalle avant la découverte. Il se trouve dans une chapelle qui se nomme « chapelle du puits », ce qui a pris tout son sens. Quant au puits extérieur, il a fallu le désencombrer pour faire apparaître la galerie, car il servait de décharge depuis des années avant qu'on entreprenne les fouilles ! Les deux puits ont une source commune. À ce jour, on ne connaît aucun autre dispositif de ce genre en France.

Météo

	L	M	M	J	V	S	D

Langue bretonne

Lududu

Il s'agit du nom d'un quartier de Quimper. Autrefois, une usine de fabrication de soude, à base d'algues, y dégageait une épaisse fumée noire qui a donné son nom à l'endroit : *ludu* veut dire « cendres », et *du* veut dire « noir ».
Plus haut, une autre usine dégageait, elle, des fumées grises, baptisant ainsi le quartier voisin Ludugris, les cendres grises !

NOTES ....

Lundi 8 — Victoire 1945 — ☼ 6h25 — 21h03

Mardi 9 — Pacôme — ☼ 6h24 — 21h04

Mercredi 10 — Solange — ☼ 6h22 — 21h05

Jeudi 11 — Estelle — ☼ 6h21 — 21h07

Qui suis-je ?

Voilier traditionnel du golfe du Morbihan, je porte le nom des habitants de Séné où on commença à me construire à partir de 1840. Type de voilier ancien à 2 mâts, j'étais utilisé autrefois pour la pêche et le cabotage dans le golfe du Morbihan.

Le sinagot

ARCHITECTURE

Gavrinis

Connaissez-vous la chapelle Sixtine du Morbihan ? C'est ainsi que l'on surnomme le cairn de Gavrinis, au cœur du golfe du Morbihan. Gavrinis, nom breton que l'on peut traduire par « île de la chèvre », est située à quelques minutes en bateau du port de Larmor-Baden. Le cairn est d'une taille impressionnante. L'ensemble de pierres et de sable fait 8 m de haut et plus de 50 m de diamètre. C'est le point culminant du golfe du Morbihan. Il recouvre une galerie de 1,5 m de large et de 14 m de long, qui s'achève par une chambre funéraire. 29 piliers composent la paroi, dont 23 sont ornés de gravures mystérieuses : cercles concentriques, spirales, haches, arcs, serpents. Une dalle de 4 m recouvre la chambre funéraire, on peut y voir des personnages et des animaux. Y a-t-il un lien avec la Table des Marchands de Locmariaquer, à 4 km ? La question se pose. Le site, qui n'a pas encore livré tous ses mystères, est en cours d'inscription au patrimoine mondial de l'Unesco.

Vendredi 12	Samedi 13	Dimanche 14
Achille	Rolande	Matthias
☼ 6h20 / 21h08	☼ 6h19 / 21h09	☼ 6h17 / 21h10

LÉGENDES

Le phare hanté de Tévennec

C'est un phare qui fait vraiment peur ! Il est situé au large de la pointe du Van, dans le raz de Sein. Il est extrêmement difficile d'accès, voire complètement coupé du monde en fonction de la météo. Et surtout, il passe pour être… extrêmement hanté ! Pratiquement tous ceux qui ont essayé d'y vivre l'ont payé très cher. Il est vrai qu'à cause d'un mauvais classement du phare, on y assignait des gardiens qui y vivaient seuls à l'année, ce qui a été reconnu comme une erreur, puisque deux d'entre eux, exposés à des conditions de vie trop dures, y sont devenus fous. Le phare compte également plusieurs morts plus ou moins accidentelles et assez étranges, dont l'une est celle d'un gardien qui est tombé sur un couteau ! En 1910, faute de candidats au poste et pour mettre fin à la série de tragédies, l'administration automatise le phare. Une part des phénomènes sonores inexplicables qui s'y produisaient – raison majeure de la peur des habitants – a été finalement expliquée, il y a une dizaine d'années, par la découverte d'une grotte sous-marine dans son rocher. Le phare devrait faire l'objet d'un projet de rénovation… Affaire à suivre !

Jeux & sports

Le patigo

Le but de ce jeu de précision est de faire rouler une boule en la faisant passer de l'autre côté d'une planche verticale, à travers un trou un peu plus large et plus haut que la boule. Une boule non entièrement passée annule le lancer réalisé (et on ne le rejoue pas). On commence à jouer à trois mètres, et à chaque fois que le joueur fait passer sa boule dans le trou, il recule d'un mètre. Le vainqueur est celui qui arrive le plus loin en dix lancers. Ce jeu est beaucoup plus difficile qu'il n'y paraît car sur sol peu régulier, et pour peu que la boule en bois tourné ne soit pas parfaitement ronde, il y a un tas de variables difficiles à contrôler. Cependant une bonne technique (en lançant par gravité, sans effort musculaire de propulsion) permet d'excellents résultats.

Météo

	L	M	M	J	V	S	D

NOTES ....

Lundi 15	Mardi 16	Mercredi 17	Jeudi 18
Denise	Honoré	Pascal	Ascension
☼ 6h16 / 21h12	☼ 6h15 / 21h13	☼ 6h14 / 21h14	☼ 6h13 / 21h15

FAUNE ET FLORE

L'hortensia

Sur la moitié des cartes postales bretonnes, il est là ! Bien que poussant un peu partout en France, l'hortensia est un symbole connu, emblématique du paysage breton, et plus particulièrement l'hortensia bleu. On dit d'ailleurs « bleu de Bretagne », couleur typique de la région et très difficile à obtenir ailleurs, conférée à la fleur par les spécificités du sol breton.

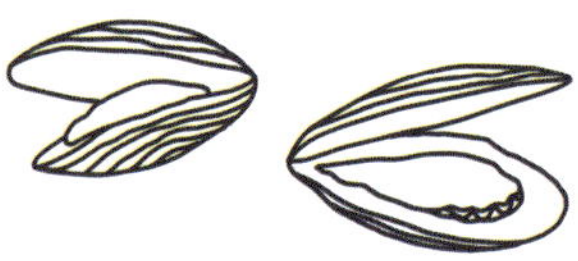

Personnage

Anita Conti

Première océanographe française et grande photographe, elle est née le 17 mai 1899 à Ermont dans le Val-d'Oise, et morte le 25 décembre 1997 à Douarnenez. En 1914, sa famille se réfugie sur l'île d'Oléron où elle navigue et réalise ses premières photographies, prélude à un destin hors norme. Elle deviendra en effet à la fois photographe, journaliste, écrivaine, en gardant toujours la mer et ses métiers au centre de ses préoccupations, et de ses combats. C'est bien avant tout le monde qu'elle a lancé l'alerte sur les conséquences d'une activité humaine mal maîtrisée sur l'océan, fléau qu'elle a combattu toute sa vie, aux autres coins du monde. Première femme océanographe française, et première femme à embarquer pour des expéditions scientifiques, elle s'impose donc sans concessions dans un univers très masculin. Ses très nombreux reportages photos, réalisés au cours de missions et de voyages à l'époque impensables pour une femme, constituent une mine documentaire et un témoignage incomparables. Son aura est devenue véritablement légendaire, les marins la surnomment La Dame de la mer. À ceux qui lui demandaient si elle était un garçon manqué, Anita Conti aimait répondre : « Non, je suis une femme réussie. »

Vendredi 19
Yves
6h12 / 21h16

Samedi 20
Bernardin
6h11 / 21h17

Dimanche 21
Constantin
6h10 / 21h18

Gastronomie

Le far aux pruneaux

Liste des ingrédients
- 30 g de farine
- 120 g de sucre
- 4 œufs
- 1/2 litre de lait
- du beurre salé
- 20 pruneaux

Mélangez la farine et le sucre, incorporez les œufs, versez le lait en mélangeant. Beurrez un plat, versez-y la pâte puis les pruneaux, laissez cuire 30 minutes à 160 degrés.

Patrimoine

Le menhir de Saint-Uzec

Près de Pleumeur-Bodou, ce menhir a été christianisé dans la seconde moitié du XVIIe siècle, en 1674, lors d'une mission de celui que l'on appelle apôtre de la Bretagne, le père Julien Maunoir. Les sculptures autrefois peintes représentent la Passion du Christ. La christianisation des pierres dressées montre la volonté de l'Église d'intégrer le culte païen des pierres.

Météo

	L	M	M	J	V	S	D

NOTES ....

Lundi 22	Mardi 23	Mercredi 24	Jeudi 25
Émile ☼ 6h09 / 21h20	Didier ☼ 6h08 / 21h21	Donatien ☼ 6h07 / 21h22	Sophie ☼ 6h06 / 21h23

GÉOGRAPHIE

La plage convexe des grands sables à Groix

Sur l'île de Groix en Bretagne se trouve une plage unique en Europe, s'avançant dans la mer plutôt qu'en traditionnel arc de cercle. Ainsi, la plage se déplace sous l'effet de deux courants marins de directions opposées, poussant son sable à adopter une forme convexe. Selon la force de ses courants, la forme de la plage des Grands Sables évolue constamment tout en restant convexe. Si la plage continue de se déplacer ainsi en direction de l'ouest, il est possible qu'elle ensable Port-Tudy, le principal port de Groix.

Patrimoine

Les fontaines

Pour les Celtes, le culte de l'eau fait partie des croyances et la Bretagne est sans doute la région où l'on recense le plus de fontaines ! Ces fontaines sont en général dédiées à un saint « spécialiste » de tel ou tel problème ! On allait à la fontaine plutôt que chez le médecin, pour la maternité, les maux divers, pour faire tomber la pluie, pour obtenir une bonne récolte, pour soigner ou protéger les animaux de la ferme. Chaque maladie a son saint guérisseur et les gens pouvaient faire des kilomètres pour se rendre sur son lieu de culte. La surdité se traitait à Pontivy, la cécité, à Châtelaudren, la folie, à Locminé, les problèmes de peau, dans les Côtes-d'Armor, etc. Chaque fontaine avait son jour de pardon et les rituels étaient différents de l'une à l'autre.

Vendredi 26 — Bérenger — ☼ 6h05 / 21h24

Samedi 27 — Augustin — ☼ 6h04 / 21h25

Dimanche 28 — Pentecôte — ☼ 6h04 / 21h26

ARCHITECTURE

Les thermes du Hogolo à Plestin-les-grèves

Découvert par hasard en 1892, le site du Hogolo fait l'objet de plusieurs campagnes de fouilles au cours du XXe siècle, qui mettent au jour cet édifice datant du Ier siècle. Agrandi au IIe siècle, il est transformé en habitation de type agricole au début du IIIe siècle, puis démoli aux IIIe et IVe siècles, sans doute en raison d'un déclin économique. Il fut préservé durant plus de quinze siècles par une dune qui le recouvrit sous 2 mètres de sable.

Le bâtiment de 25 m de longueur sur 7,50 m de largeur comprend deux parties. Au sud, un bâtiment rectangulaire de 15,50 m sur 6,50 m forme un hangar où était stocké le bois de chauffage. Au nord, les thermes forment un circuit en U de cinq chambres. Bâtis selon un plan commun à tous les édifices de bains romains, les thermes obéissent au principe de l'hypocauste, un système de chauffage au sol datant de l'époque romaine.

LÉGENDES

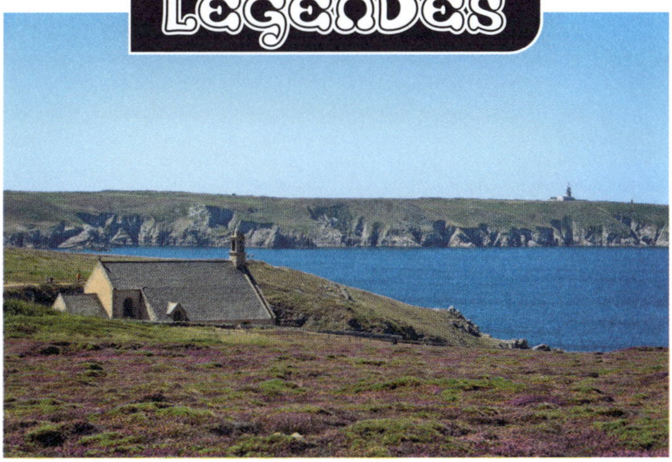

Les pilleurs d'épaves

À certains endroits de nos côtes, la légende nous parle de ces gens qui, les soirs de tempête, allumaient des lanternes fixées aux cornes des vaches pour « guider » les bateaux en difficulté et les faire échouer contre les falaises. Que croire ? Outre-Manche, on parle aussi de ce genre de pratique. Ce qui est de tradition, c'est cette « loi de la mer » qui dit que l'on aidera le marin naufragé, mais que, si on le sauve, l'épave nous appartient…

Météo

	L	M	M	J	V	S	D

NOTES ....

....

....

....

....

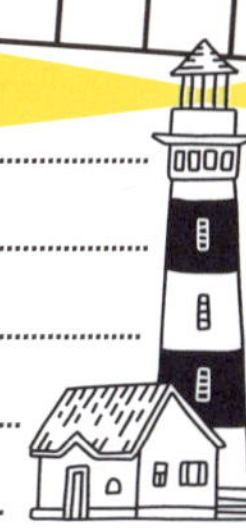

LES 7 CALVAIRES MONUMENTAUX DE BRETAGNE

L'association des 7 calvaires monumentaux de Bretagne s'attache à préserver, mettre en valeur et promouvoir 7 monuments magnifiques, qui font partie du patrimoine emblématique de la région. Saurez-vous retrouver, parmi les 7 photos proposées, quels calvaires chacune représente ?

☐ **Le calvaire de Guéhenno** est le seul à être situé dans le Morbihan. Presque complètement détruit à la Révolution, il a été reconstruit à partir de 1853 par l'abbé Jacquot, aidé à la fois par son vicaire et par des habitants qui avaient récupéré et caché des morceaux du monument. L'abbé Jacquot, lui-même sculpteur à ses heures perdues, a rajouté un certain nombre d'éléments à l'édifice original, dont les 4 statues de prophètes situées au pied du premier autel.

☐ **Le calvaire de Saint-Jean Trolimon** est les plus ancien des 7. Il aurait même servi de modèle à d'autres calvaires. Sa situation géographique est à la fois un grand avantage et un grand inconvénient. En effet, placé face aux dunes et à l'océan, il bénéficie d'un environnement particulièrement magnifique. Mais, soumis aux effets des embruns de la baie d'Audierne et des vents chargés de sable, il est victime d'un fort phénomène d'érosion qui abîme ses motifs...

☐ **Le calvaire de Pleyben** impressionne par ses dimensions franchement monumentales, et par sa hauteur inhabituelle. On a presque l'impression, du coup, d'un ensemble statuaire un peu clairsemé : les statues sont tellement haut perchées que cela fausse la perception ! Ce monument impressionnant, et très majestueux, fait partie d'un enclos complet comprenant également une église, un baptistère, un ossuaire et autrefois un cimetière.

☐ **Le calvaire de Guimiliau** prend place au sein d'un enclos paroissial très réputé qui regroupe un arc de triomphe, un clocher, un ossuaire, un grand porche, une belle église, une sacristie, une chapelle funéraire et un cimetière. La statuaire du calvaire regroupe quelque 200 personnages, animaux et monstres ! Le calvaire a été réalisé par au moins deux artistes différents, d'où un traitement différent des statues et sculptures. Sa construction se serait déroulée entre 1581 et 1588. Le calvaire se dresse sur un massif garni de 4 contreforts, eux-mêmes percés d'arcades.

☐ **Le calvaire de Plougastel-Daoulas** présente un certain nombre de similitudes architecturales avec celui de Guimiliau, mais s'en différencie notamment par ses 3 croix. Il est lié à une épidémie de peste qui fit des ravages dans la région. Le seigneur de Kereraod promit alors de faire ériger un calvaire s'il était le dernier à contracter la maladie. Bâti entre 1602 et 1604, le monument a été très endommagé durant la Seconde Guerre mondiale, et restauré grâce à un soldat américain, par ailleurs conservateur de musée. La statuaire particulièrement riche représente de nombreuses scènes de la vie du Christ.

☐ **L'enclos paroissial de Saint-Thégonnec** est également très réputé, et très apprécié des visiteurs qui viennent en nombre pour admirer ses monuments : porte triomphale, ossuaire, et église. Son calvaire date de 1610, et le sculpteur Roland Doré a certainement œuvré à son édification. Ce monument présente la particularité d'avoir un socle assez petit par rapport aux 6 autres, ce qui ne l'empêche pas d'arborer des croix massives qui n'ont finalement rien à envier à leurs rivales ! Un vrai numéro d'équilibriste. L'ensemble statuaire est en revanche un peu réduit, et les neuf scènes représentées sur le calvaire sont toutes consacrées à la Passion du Christ.

☐ **Le calvaire de Plougonven** est situé au milieu du cimetière de l'enclos paroissial. Daté originellement de 1554, il a été très endommagé sous la Terreur, et restauré vers 1810. Les croix de pierre, œuvres du sculpteur Yann L'arc'hantec, ont été replacées à la fin des années 1800. Ce monument diffère des autres par la forme originale de son socle : octogonale. Autre détail amusant : plusieurs anachronismes se sont glissés dans les représentations de la statuaire. Alors que ce sont des scènes tirées de la vie du Christ, certains personnages arborent des vêtements ou des armes et accessoires typiques du XVIe siècle !

1

2

3

4

5

6

7

Lundi 29
L. de Pentecôte ☼ 6h03 21h27

Mardi 30
Ferdinand ☼ 6h02 21h28

Mercredi 31
Visitation ☼ 6h02 21h29

Jeudi 1er
Justin ☼ 6h01 21h29

Jeux & sports

Drôle de compétition

Ah, la petite ville de Guerlesquin dans le Finistère ! Classée petite cité de caractère, elle est très agréable à visiter. Ville fleurie, ancienne ville de foires et de marchés, elle est aussi connue pour un événement qui s'y déroule tous les premiers jeudis du mois d'août : une compétition mondiale de lancer de menhirs ! Elle a lieu au cours d'une fête que l'on appelle la « Fête au village des irréductibles ». Les enfants, qui concourent dans la catégorie « Idéfix », lancent des pierres de 10 kg. La catégorie « Astérix », pour les moins de 20 ans, propose des pierres de 20 kg. Côté adultes, il y a la catégorie « Falbala » pour les femmes, qui jettent des pierres de 20 kg, et la catégorie « Obélix » pour les hommes, avec des pierres de 25 kg.

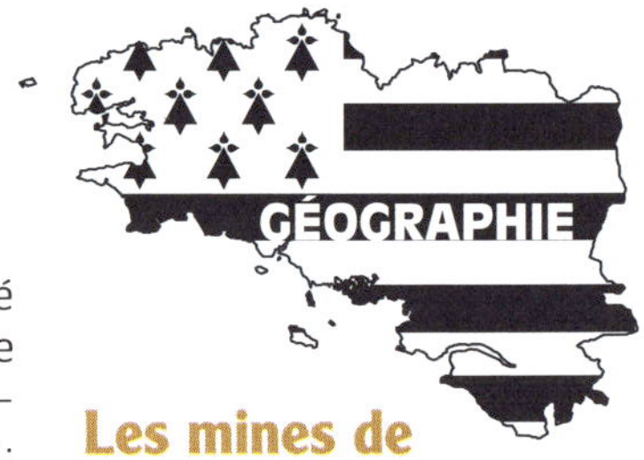

GÉOGRAPHIE

Les mines de plomb argentifères

Les communes de Poullaouën, Locmaria-Berrien et Huelgoat possèdent des mines de plomb argentifères depuis la préhistoire. Les minerais exploitables à Poullaouën et Huelgoat étaient essentiellement la galène, les pyrites de fer et de cuivre et la blende. Ces mines ont été les plus riches et les plus renommées d'Europe jusqu'à devenir les terrains d'application de l'École royale des mines, qui fut fondée par Louis XVI en 1783, dans le but de former des « directeurs intelligents » pour les mines françaises. Après deux années d'études théoriques à Paris, les élèves-ingénieurs venaient recevoir une formation pratique aux mines de Poullaouën. Ces mines ont été exploitées durant 137 ans, 2 400 personnes ont vécu de cette industrie qui fut, à son apogée, très en avance sur son temps.

Vendredi 2	Samedi 3	Dimanche 4
Blandine	Kévin	Fête des Mères
☼ 6h00 / 21h30	☼ 6h00 / 21h31	☼ 5h59 / 21h32

ARCHITECTURE

Le grand menhir brisé : le plus grand menhir d'Europe !

Il est situé à Locmaraiaquer dans le Morbihan : il faisait 18,5 m de hauteur lorsqu'il était dressé, ou 20,4 m si l'on compte la partie enterrée. 3 m de largeur, presque 300 tonnes. L'écrivain et journaliste Paul-Yves Sébillot a rapporté une légende selon laquelle, si elle voulait se marier dans l'année, « *une jeune fille devait, pendant la nuit du 1er mai, monter sur le grand menhir et, jupe et chemise retroussées, se laisser glisser de haut en bas* ». On ne sait pas pourquoi ni quand ce menhir datant du Ve millénaire avant Jésus Christ s'est brisé en 4 morceaux. Foudre ? Séisme ? Pas assez enfoncé ? Mystère...

FAUNE ET FLORE

L'hermine

C'était l'animal fétiche de notre duchesse Anne de Bretagne dont la devise était « *plutôt la mort que la souillure* », depuis le jour où elle avait sauvé l'une de ces petites bêtes, qui avait préféré se faire dévorer par un renard plutôt que de se salir dans les eaux boueuses d'un torrent ! La duchesse Anne fit de l'hermine son emblème. L'hermine stylisée quant à elle, celle avec la tête en trois éléments présente notamment sur le drapeau breton, nous rappelle les trois points d'attache des queues de cet animal sur les manteaux des rois.

Météo

	L	M	M	J	V	S	D

NOTES ....

Lundi 5 — Igor — ☼ 5h59 — 21h33

Mardi 6 — Norbert — ☼ 5h59 — 21h33

Mercredi 7 — Gilbert — ☼ 5h58 — 21h34

Jeudi 8 — Médard — ☼ 5h58 — 21h35

ARCHITECTURE

Le château de Kerjean

Louis XIII a dit de cette demeure qu'elle était digne de lui ! Le château de Kerjean, situé à Saint-Vougay dans le Nord-Finistère, est entouré d'une enceinte fortifiée de plus de 10 m d'épaisseur doublée de profonds fossés. C'était une nécessité à l'époque des troubles liés aux guerres de la Ligue. Édifié à la fin du XVIe siècle par la riche famille Barbier, le château de Kerjean est la plus belle demeure de la région. À la fois château-forteresse et symbole de la Renaissance avec ses décors raffinés, son portail d'honneur, sa terrasse sur arcades et son élégant puits dans la cour, il est très influencé par les architectes italiens et s'inspire des modèles dits « à la française » tout en s'adaptant au style régional. Il a inspiré les bâtisseurs d'églises et d'enclos paroissiaux de toute la région alentour.

Patrimoine

Le biniou

Instrument de musique qui appartient à la famille des cornemuses, joué traditionnellement avec la bombarde. Il possède un chalumeau (*levriad*) très court, un réservoir de cuir (*sac'h*) alimenté par un petit tuyau (*sutell*) permettant de la gonfler et un bourdon (*korn-boud*).

Vendredi 9
Diane
5h57 / 21h35

Samedi 10
Landry
5h57 / 21h36

Dimanche 11
Barnabé
5h57 / 21h37

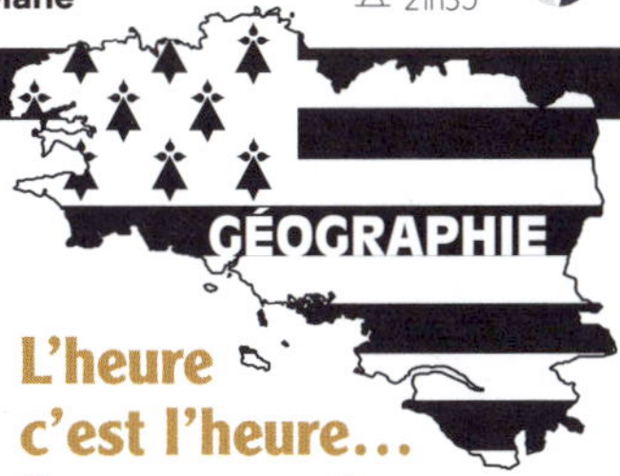

L'heure c'est l'heure… Ou presque !

Attention car en Bretagne, on peut avoir des petits problèmes… avec l'heure ! Sur l'île de Molène, par exemple, au large de Brest, les habitants font de la résistance sur le changement d'heure. Le mouvement est moins répandu qu'autrefois, mais aujourd'hui encore, une poignée d'irréductibles persistent et ne veulent pas entendre parler d'heure d'été et d'heure d'hiver. La journée est dictée par l'heure solaire… Et c'est tout ! C'est un choix qui est à la fois politique, et de cohérence avec le rythme naturel du Soleil et du corps humain. Car il ne faut pas oublier non plus que, dans l'ouest de la France, le Soleil se lève et se couche plus tard que dans l'est. Entre Brest et Strasbourg, distantes d'environ 900 km, il n'y a pas loin d'une heure de décalage sur les horaires de lever et de coucher du soleil. Par exemple en 2023, au solstice d'été, le soleil se lèvera à 05 h 26 et se couchera à 21 h 34 à Strasbourg. À Crozon, le même jour, il se lèvera à 06 h 17 et se couchera à 22 h 22.

Personnage

Mathieu Rivrin

Il ne s'agit pas d'une figure historique ou politique, ni d'un inventeur ou d'un explorateur, mais d'un photographe tout à fait contemporain, qui a allié son talent à un coup de chance extraordinaire pour réaliser un cliché qui a très récemment impressionné le monde entier. La photographie date de janvier 2021. La tempête Justine faisait rage sur le littoral breton. Mathieu Rivrin était posté à Lesconil, dans le Finistère. Comme beaucoup de ses collègues, il tâchait de profiter du déchaînement des éléments pour réaliser des images marquantes. Et il a grandement réussi : par le fait d'un heureux hasard, sur l'une de ses photos représentant une gigantesque vague en noir et blanc, on voit se dessiner clairement le visage et la couronne de Poséïdon ! Elle a récolté plus de 47 000 likes sur le compte Instagram du photographe.

Météo

	L	M	M	J	V	S	D

NOTES ……………………………………

……………………………………

……………………………………

……………………………………

……………………………………

Lundi 12	Mardi 13	Mercredi 14	Jeudi 15
Guy — ☼ 5h57 / 21h37	Antoine de Padoue — ☼ 5h57 / 21h38	Élisée — ☼ 5h57 / 21h38	Germaine — ☼ 5h57 / 21h39

Gastronomie

Crêpe ou galette ?

Crêpe ou galette ? Voilà une question qui peut faire du *reuz* - du bruit ! - autour de la bolée de cidre. Vaste débat, pas sûr qu'on soit d'accord un jour ! La Basse-Bretagne et la Haute-Bretagne ont chacune leur préparation de prédilection. En Basse-Bretagne, c'est-à-dire à l'ouest, on ne parle pas de galette mais de crêpe, il n'existe que les crêpes du plat au dessert : la crêpe à la farine de froment qui se déguste sucrée et la crêpe à la farine de blé noir (dite de sarrasin) qui se mange salée et parfois sucrée.
En Haute-Bretagne, on déguste la galette de blé noir, dite aussi galette de sarrasin. Elle se déguste uniquement salée. Une crêpe est en général beaucoup plus fine qu'une galette. Tout est question d'appartenance géographique. Des puristes vous diraient aussi qu'il y a une différence entre sarrasin et blé noir. Mais crêpes ou galettes, le plus important, c'est qu'elles soient bonnes et qu'elles nous plaisent !

Bien de chez nous !

Le Hellfest

Ce festival de musique se déroule en juin, à Clisson, en Loire-Atlantique. À l'origine, le Hellfest était un autre festival musical, le Furyfest, qui s'est tenu de 2002 à 2005 dans différents lieux des Pays de la Loire. Le Hellfest prend la suite en 2006, et connaît une hausse continue de sa fréquentation. Il figure parmi les plus importants festivals de musique français et est le plus important et de métal en Europe. Le Hellfest, également appelé Hellfest Summer Open Air, est un festival de musique spécialisé dans les musiques « extrêmes » : le hard-rock, le heavy metal et le métal alternatif, le black métal, le death métal, le punk hardcore, le doom métal ou le stoner rock.

Vendredi 16 — J. F. Régis — 5h57 / 21h39

Samedi 17 — Hervé — 5h57 / 21h40

Dimanche 18 — Fête des Pères — 5h57 / 21h40

LÉGENDES

Les Gras de Douarnenez

Les Gras de Douarnenez ont lieu vers la mi-février. Depuis 1835, date de création des Gras, les Douarnenistes fêtent la fin de l'hiver et le Carême. Le symbole emblématique de la fête, le *Den Paolig*, « pauvre homme » en français, est le roi du carnaval et est intronisé le samedi. Il représente une personnalité locale bien connue. Le *Den Paolig*, haut de 3 m, fabriqué en papier mâché, est suspendu au fronton des halles. Le dimanche est le jour du défilé qui rassemble toutes les générations en costumes colorés, dans des chars toujours plus originaux, en musique et dans la bonne humeur. Le lundi, c'est la course interbars et le mardi soir, le bal costumé. Le bal des enfants a lieu le mercredi. Selon la tradition, le *Den Paolig* est brûlé sur le quai du port du Rosmeur, juste avant le feu d'artifice final.

Langue bretonne

Avez-vous déjà fait l'école du renard ?

Le *skol al louarn*, en langue bretonne, est-il un centre d'éducation et d'élevage pour nos jeunes goupils ? Pas du tout, il s'agit d'une expression pour parler de l'école buissonnière ! En Bretagne, on faisait l'école du renard, on s'échappait dans la nature ! Gare au bonnet d'âne pour celui qui se faisait prendre...

Météo

	L	M	M	J	V	S	D

NOTES..

....

....

....

....

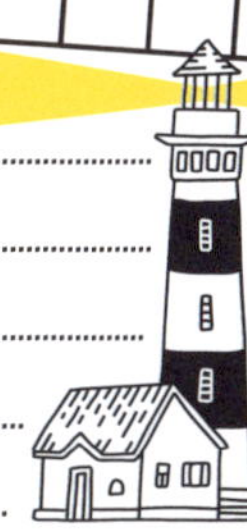

Lundi 19 — Romuald — ☼ 5h57 — 21h40

Mardi 20 — Silvère — ☼ 5h57 — 21h40

Mercredi 21 — Été — ☼ 5h57 — 21h41

Jeudi 22 — Alban — ☼ 5h57 — 21h41

GÉOGRAPHIE

Au Guildo, les pierres sonnent !

Saint-Cast-le-Guildo est une ville littorale des Côtes-d'Armor. C'est un endroit parfait pour les vacances d'été, avec un château féodal qui vaut le détour, sept plages de sable fin et plusieurs vues panoramiques remarquables. Mais si son nom est connu, c'est aussi pour une raison très originale : sur une plage, au lieu-dit Goule d'enfer, se trouve ce que l'on appelle les « pierres sonnantes ». En effet, ces rochers ont la particularité de résonner comme du métal lorsqu'on les frappe avec une autre pierre. Certains s'essayent même à des petites compositions musicales ! Il se pourrait qu'une contenance élevée en fer explique ce phénomène. La légende dit que ce serait Gargantua qui aurait vomi ces pierres. Elles sont inscrites à l'inventaire du patrimoine culturel immatériel en France.

LÉGENDES

L'Ankou

Qui est donc ce personnage, que tout Breton craint et respecte ? C'est la mort. Représentée par un squelette sous une grande cape noire, elle porte une faux à la lame montée à l'envers (on l'appelle parfois la faucheuse, d'ailleurs), elle circule la nuit, avec sa charrette, pour récupérer les âmes des trépassés… Cachez-vous si vous entendez les grincements des roues ! Ou clouez une chouette sur une porte, pour chasser les mauvais esprits et conjurer le sort…

Vendredi 23
Audrey
5h58 21h41

Samedi 24
Jean-Baptiste
5h58 21h41

Dimanche 25
Éléonore
5h58 21h41

ARCHITECTURE

Le château de Trévarez, dit « le château rose »

Le château de Trévarez domine la vallée de l'Aulne à Saint-Goazec, en centre Finistère. Son surnom « château rose » lui vient du mélange de briques et de pierres de Kersanton utilisées pour le bâtir. Il a été construit à la fin du XIXe siècle pour James de Kerjégu, président du conseil général du Finistère : ce politicien étant partagé entre la province et Paris, il avait besoin d'un point de chute en Bretagne, où il pourrait recevoir et faire affaire. Le château est équipé de tous les conforts de l'époque. Ses domestiques disposaient également d'un ascenseur spécial. Il a été choisi à l'Exposition universelle de Saint-Louis, en 1904, pour son architecture et sa charpente métallique novatrices. Bombardé lors de la Seconde Guerre mondiale, le château a subi d'importants dégâts. Puis, devenu propriété du conseil départemental, il a été restauré et a reçu le label « Patrimoine du XXe siècle » ainsi que la distinction « Jardin remarquable ».

Personnage

Le couple Le Garrec

Nicole est réalisatrice et cinéaste, née à Plogastel-Saint-Germain, dans le Finistère, en 1942. Félix est photographe et cinéaste, né à Plonéour-Lanvern, dans le Finistère, en 1930. Ce couple est notamment à l'origine du film *Plogoff, des pierres contre les fusils*. C'est un documentaire tourné « sur un coup de tête » en 1980, qui suit le soulèvement populaire de Plogoff, contre l'implantation d'une centrale nucléaire dans la ville. Financé entièrement par les cinéastes eux-mêmes, c'est le premier film réalisé et produit en Bretagne à connaître une sortie nationale. Après sa restauration en 2019, il a été montré au festival de Cannes et est ressorti en salles en 2020.

Météo

	L	M	M	J	V	S	D

NOTES ....

EN FAMILLE

Le but de ce jeu est de relier les bonnes données entre elles à l'aide d'indices et d'une grille de résolution. Quand vous avez trouvé un « match » entre deux propositions, mettez un « O » pour « oui » dans la grille. Quand vous êtes en mesure d'éliminer avec certitude une combinaison entre deux propositions, mettez un « N » pour « non » ou une croix dans la case correspondante.

Estelle est venue se reposer dans sa famille à Rennes.
Retrouvez avec qui elle va faire quelle visite, et quel jour.

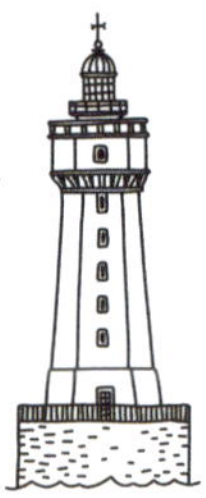

	MARDI	JEUDI	SAMEDI	DIMANCHE	COUVENT DES JACOBINS	CATHÉDRALE SAINT-PIERRE	PARLEMENT DE BRETAGNE	MUSÉE DES BEAUX-ARTS
SON FRÈRE ARMAND								
SON COUSIN LOUIS								
SON ONCLE RAPHAËL								
SA TANTE VÉRONIQUE								
COUVENT DES JACOBINS								
CATHÉDRALE SAINT-PIERRE								
PARLEMENT DE BRETAGNE								
MUSÉE DES BEAUX-ARTS								

Indices

- Elle va voir le Parlement de Bretagne l'avant-veille de sa sortie avec Louis.
- Elle sort avec sa tante après son excursion avec son oncle mais avant d'aller au Musée des Beaux-Arts.
- Elle s'est promenée au Couvent des Jacobins un jour avant sa sortie avec son frère Armand mais après la visite de la Cathédrale où ne se rend jamais son cousin Louis.

MOTS MÊLÉS

Retrouvez les 39 mots en rapport avec les contes et légendes bretonnes cachés dans la grille ci-dessous.

Ils peuvent être écrits à l'endroit ou à l'envers, à l'horizontale, à la verticale ou en oblique, et la même lettre peut servir à plusieurs mots.

Une fois tous les mots trouvés, les lettres restantes formeront le nom d'une commune du Morbihan célèbre pour ses alignements de menhirs.

Liste de mots

allée • âme • Ankou • barde • cairn • cerf • ciel • Comper • conte • démon • devin • druide • eau farfadet • fée • feu • Gavrinis • graal • gui • hermine • Iseut • lande • lech • linceul • lune • lutin magie • mer • mort • mythe • nain • nature • nuit • ours • Paimpont • sanglier • sirène • sortilège • table

M	A	G	I	E	L	N	G	R	A	A	L	P
O	C	A	G	A	V	R	I	N	I	S	L	A
R	S	A	N	G	L	I	E	R	R	R	U	I
T	E	D	A	F	R	A	F	E	T	U	E	M
D	E	M	O	N	L	C	M	P	I	O	C	P
B	E	N	I	L	E	F	D	M	U	U	N	O
A	H	V	E	I	A	R	E	O	N	O	I	N
R	E	E	U	R	U	E	H	C	R	K	L	T
D	R	G	I	I	I	C	T	O	N	N	U	A
E	M	F	D	S	E	S	Y	N	I	A	N	B
E	I	E	N	L	E	A	M	T	T	I	E	L
F	N	U	N	A	T	U	R	E	U	N	C	E
L	E	I	C	S	O	R	T	I	L	E	G	E

TEXTE À TROUS

Certains mots de ce texte se sont brouillés et ont été remplacés par leurs anagrammes. Saurez-vous les remettre en place, sans tenir compte des accents, et reconstituer le texte original ?

À Locmariaker, j'entrai dans la **pirate**.................... des **surdide** ....
Un Breton me montra la table de **Sacre** ...., un monstre de **ingrat** ....
soulevé par des colosses ; puis il me parla de **reacs**....................
comme d'un ancien qu'il aurait vu.
Enfin, suivant toujours la côte entre la **delan** .... et l'Océan, vers le soir,
du sommet d'un **musultu** ...., j'aperçus devant moi les champs
de **respire** .... de Carnac.

Extrait de *En Bretagne*, Guy de Maupassant.

MOTS CROISÉS

LES VILLES DU MORBIHAN

Remplissez la grille en vous basant sur les définitions ci-dessous.
Attention : dans la grille, il n'y a ni tiret ni apostrophe, tous les noms sont écrits d'un seul tenant !

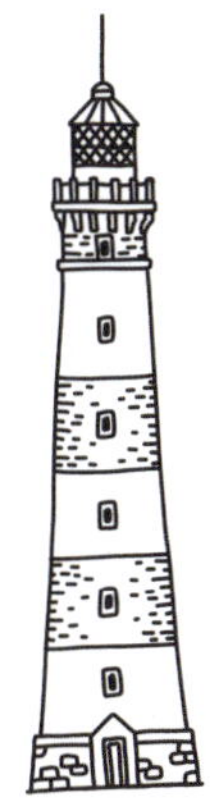

Vertical

2. C'est aussi le verbe avoir au conditionnel.

6. La statue de la Liberté trône au centre de cette commune.

7. Ville de la Robin des Bois bretonne.

9. Ville aux cinq ports.

10. Le château des Rohan y domine l'Oust.

Horizontal

1. Ville d'Obélix.

3. Préfecture du Morbihan.

4. Ville de l'Andouille.

5. Autrefois Napoléonville.

8. Ville connue pour ses haras.

11. Célèbre presqu'île.

Lundi 26	Mardi 27	Mercredi 28	Jeudi 29
Anthelme 5h59 21h41	Fernand 5h59 21h41	Irénée 5h59 21h41	Pierre-Paul 6h00 21h41

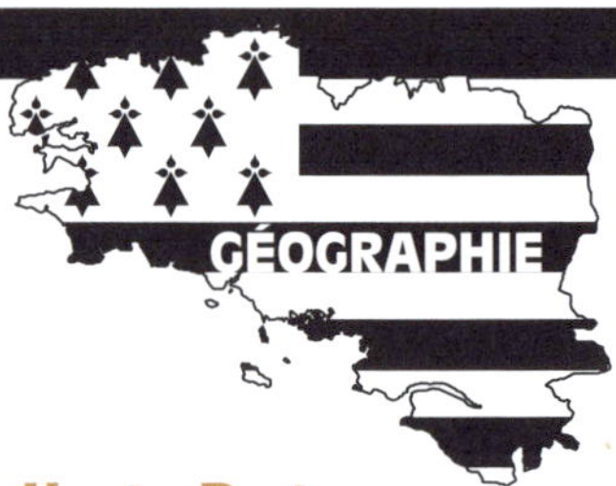

Haute-Bretagne, Basse-Bretagne ?

On dit que cette région est unie et uniforme, c'est très vrai, pourtant on y trouve une partie orientale, la Haute-bretagne – *Breizh uhel* – et une partie occidentale, la Basse-Bretagne, *Breizh izel*. la frontière est également linguistique : langue bretonne, à l'ouest, et gallèse à l'est, les deux langues que l'on y rencontre, avec le français. On dit que la notion de haute ou basse a un rapport avec l'altitude, mais cherchons ailleurs... Comme le soleil se lève à l'est, il est « en haut » quand il arrive en Bretagne. Il se couche à l'ouest, « en bas », quand il plonge dans la mer, le soir.

ARCHITECTURE

Le château de Suscinio

Passé le pont-levis, vous plongez dans l'histoire. À l'intérieur de la cour, deux corps de logis se font face. Celui de l'habitation ducale abrite la salle des banquets, celle des gardes, la chambre de retrait du duc et même la garde-robe de la duchesse ! Une véritable immersion dans le Moyen Âge. Mais l'apothéose de cette visite reste le pavement de 300 m² de la chapelle mis à jour lors de fouilles archéologiques en 1975. Remarquez la richesse des décors et celle des techniques utilisées, là est le trésor de Suscinio. Traversez la cour et pénétrez, cette fois, dans le logis « merveilleux ». Enfin, après avoir admiré la remarquable charpente de la tour, « la forêt de bois », vous parviendrez à son sommet, haut de 20 mètres, et découvrirez un panorama grandiose.

Personnage

Jeanne Bohec, une chimiste résistante

À la suite de l'appel du 18 juin en 1940, cette fille de marin née à Plestin-les-Grèves dans les Côtes-d'Armor en 1919 prend le bateau pour Londres où elle va s'engager dans les Forces françaises libres. Elle se spécialise dans la fabrication d'explosifs grâce à ses connaissances en chimie. Elle réussit à se faire une place dans ce milieu masculin et devient même instructrice de sabotage. Elle sera une des 5 femmes parachutées en France en juin 1944 ! Elle sillonnera la Bretagne à vélo sans éveiller les soupçons, car il est vrai que c'est une frêle jeune fille au sourire enfantin ! Elle formera les résistants à l'utilisation des charges explosives et participera à de nombreuses actions de sabotage, mais elle ne sera jamais autorisée à participer aux combats. La « plastiqueuse à bicyclette » sera néanmoins décorée de la Croix de guerre.

Vendredi 30 — Martial — ☼ 6h00 — 21h41

Samedi 1er — Thierry — ☼ 6h01 — 21h41

Dimanche 2 — Martinien — ☼ 6h02 — 21h41

Gastronomie

Gâteau breton

Le gâteau breton est une pâtisserie de la région de Lorient de la fin du xxe siècle.

Ingrédients
- 350 g de farine
- 350 de beurre
- 300 g de sucre
- 6 jaunes d'œufs + 1 pour dorer le gâteau
- Éventuellement un peu de rhum

1. Mélangez la farine et le sucre, puis incorporez le beurre mou. Ajoutez les jaunes d'œuf en pétrissant la pâte à la main ainsi que le rhum éventuellement, étalez la pâte dans un moule rond à bords pas très hauts. Dessinez des stries à la fourchette sur le gâteau puis dorez au jaune d'œuf.
2. Laissez cuire 45 minutes à 180°, laisser refroidir et démoulez. Ce gâteau se conserve longtemps et devient meilleur au fil des jours. La légende raconte que les marins bretons l'emportaient à bord de leur bateau car il pouvait être dégusté sur plusieurs semaines. On le trouve aussi fourré avec une crème de pruneaux, de framboises ou encore de caramel au beurre salé. Attention, le gâteau breton doit contenir au moins 20 % de beurre, sinon ce n'est pas du gâteau breton !

Qui suis-je ?

On me fabrique avec du sucre et du beurre, salé bien sûr ! J'ai vu le jour à Quiberon il n'y a pas si longtemps. Je peux être tendre, dur, mou, en bonbon, en pâte à tartiner, en sucette ou en coulis.

Le caramel au beurre salé

Météo

	L	M	M	J	V	S	D

NOTES ....

Lundi 3	Mardi 4	Mercredi 5	Jeudi 6
Thomas ☼ 6h02 / 21h40	Florent ☼ 6h03 / 21h40	Antoine ☼ 6h03 / 21h40	Mariette ☼ 6h04 / 21h39

Gastronomie

La graisse salée

Qu'est-ce donc ? Un remède miracle pour graisser la chaîne du vélo ? Pas du tout ! Dans la région de Quimper nos grands-mères appelaient cela le « beurre du pauvre » (le vrai, on le vendait !). En fait, c'est la pâte à tartiner de l'époque : du gras de porc cru prélevé le long du filet mignon, avec du gras de bardière, haché comme la viande, que l'on mélange à de l'échalote. On y ajoute de l'ail, du sel, du poivre, on malaxe tout cela et il n'y a plus qu'à tartiner ! Sur une tartine de pain de seigle passée au four, c'est un régal de gourmet, hors diététique bien sûr !

ARCHITECTURE

Le cairn de Barnenez

Situé dans le Finistère-nord sur la commune de Plouézoc'h, le cairn de Barnenez constitue l'une des premières traces en Europe de construction en matériaux durables. Construit entre 4500 et 3900 avant J.-C., il mesure 72 m de long, 20 à 25 m de large et 9 m de haut. Il se compose de monuments d'âges différents et abrite 11 chambres funéraires. Au fil du temps il est tombé dans l'oubli et recouvert de végétation. Il a même servi de carrière ! Mais la communauté scientifique se mobilise pour sa sauvegarde et les campagnes archéologiques se succédant de 1955 à 1968 redonnent son aspect à ce « Parthénon mégalithique » comme le dit André Malraux, chargé du tout nouveau ministère de la Culture en 1969.

GÉOGRAPHIE

Le golfe du Morbihan

Le golfe du Morbihan a donné son nom au département : de *mor* qui veut dire « mer » et *bihan* qui veut dire « petit » en breton. Le golfe mesure 20 km de long sur 15 km de large. Un étroit goulet (1 km de large) sépare les pointes de Port-Navalo et de Locmariaquer. C'est une des plus belles baies au monde ! Selon la légende, il y a autant d'îles que de jours dans l'année ! Seulement une trentaine est aujourd'hui habitée. Parmi elles, il y a notamment l'île aux Moines qui est la plus grande et qui est baptisée « la perle du golfe », et l'île d'Arz, ou île aux Capitaines, ainsi nommée car entre le XVIIIe et le XXe siècle, de nombreux marins et capitaines y ont construit leurs maisons.

Vendredi **7**
Raoul
6h05 / 21h39

Samedi **8**
Thibault
6h06 / 21h38

Dimanche **9**
Amandine
6h06 / 21h38

LÉGENDES

Le Yeun Ellez, aux portes de l'enfer

Savez-vous où se trouvent les portes de l'enfer ? C'est du côté de Brennilis dans les monts d'Arrée en Finistère. Doit-on avoir peur lorsque l'on se promène au bord du Yeun Ellez, un vaste espace où circule l'Ellez, la rivière des damnés ? Une cuvette entourée de monts dont beaucoup ne dépassent pas les 380 m. Un paysage de landes avec sa brume épaisse, son crachin. Des légendes nombreuses entourent chaque endroit. Selon la croyance celtique, le Yeun Ellez est l'antichambre de l'enfer, froid et humide. Le Youdig, le marais sans fond, en est la bouche elle-même, c'est ici que l'on venait rejeter les âmes mauvaises qui hantaient les vivants. Le recteur de Commana ou de Brasparts transformait le revenant en chien noir et, vêtu de son surplis, le précipitait dans le marais à l'aide de son étole à la tombée de la nuit. Ce n'était pas une partie de plaisir car le chien ou revenant se débattait de plus en plus à chaque pas mais c'est seulement à partir de cet instant que la paix revenait ! Ironie du sort, c'est là que fut construite la centrale nucléaire des monts d'Arrée, en activité de 1967 à 1985 et toujours en phase de démantèlement aujourd'hui.

Météo

	L	M	M	J	V	S	D

NOTES ....

Lundi 10 — Ulrich — ☼ 6h07 — 21h37

Mardi 11 — Benoît — ☼ 6h08 — 21h37

Mercredi 12 — Olivier — ☼ 6h09 — 21h36

Jeudi 13 — Henri et Joël — ☼ 6h10 — 21h36

ARCHITECTURE

Chapelle Kermaria An Iskuit

À Plouha, dans les Côtes-d'Armor, c'est une chapelle classée monument historique, dont les plus anciennes parties datent du XIIIe siècle. Ce qui fait sa renommée en particulier, c'est une fresque du Moyen Âge qui représente une danse macabre, c'est-à-dire une figuration de personnages morts et vivants dansant ensemble. Les représentations murales de ce type sont très rares en France !

Bien de chez nous !

La plus grande usine marémotrice du monde

C'est l'usine marémotrice située dans l'estuaire de La Rance. Elle a été mise en service en 1966. Pendant longtemps, jusqu'en 2011, elle a été la plus grande du monde ! C'est une centrale électrique qui produit de l'électricité quand la mer monte mais aussi quand elle descend. Le barrage s'étend sur 750 m, entre la pointe de la Brebis à l'ouest et la pointe de la Briantais à l'est. Il crée un bassin de retenue d'une superficie de 22 km^2. La navigation est possible entre le bassin et la mer grâce à une écluse. Cette construction de 65 m de long et 13 m de large permet le passage de 22 000 bateaux par an.

Personnage

Santig du

En langue bretonne, *santig du* signifie le petit saint noir, couleur de l'habit noir des cordeliers, dont il était membre. Qu'a fait Santig du pour devenir le saint fétiche de nos Quimpérois ? De son vrai nom Jean Discalcéat, « le déchaussé » (car il allait pieds nus…), il vivait au XIIIe siècle. Né dans le Nord-Finistère, à Saint-Vougay, tout d'abord maçon, il fait ensuite des études à Rennes et est ordonné prêtre. Il entre dans l'ordre des Franciscains au couvent des cordeliers à Quimper. Au service des autres, il lutte contre la pauvreté et aussi contre la peste, dont il mourra. Tous les jours, on peut lui offrir du pain, qui sera distribué aux nécessiteux par l'équipe paroissiale, un beau geste qui est toujours d'actualité…

Vendredi 14 — Fête nationale — ☼ 6h11 — 21h35

Samedi 15 — Donald — ☼ 6h12 — 21h34

Dimanche 16 — ND Mt-Carmel — ☼ 6h13 — 21h33

Qui suis-je ?

Ma plus importante colonie est implantée sur la réserve des Sept-Îles dans les Côtes-d'Armor. On me surnomme le clown des mers à cause de mon bec coloré, de ma maladresse au sol et de mes yeux tristes ! Mon espèce est classée vulnérable par l'UICN (Union internationale pour la conservation de la nature).

Le macareux moine

Gastronomie

Le kari gosse

C'est une épice, un « curry breton » qui rappelle les Indes ! Le kari gosse a un goût légèrement pimenté et se marie très bien avec des crustacés. Il a été inventé au XIXe siècle par M. Gosse, un pharmacien apothicaire de Lorient, qui en a déposé le brevet. Cela s'explique par la présence de la Compagnie des Indes dans la ville au XVIIe siècle, qui a favorisé l'importation d'épices. Le kari gosse est un savant mélange de gingembre, curcuma, girofle, piment rouge, cannelle, poivre, coriandre, cumin, cardamome et fenugrec. Quelques grammes de kari gosse dans un court-bouillon ou une sauce-crème réhaussent les saveurs ! La recette la plus connue est un des classiques de la cuisine de la région lorientaise : le homard au kari gosse.

Météo

	L	M	M	J	V	S	D

NOTES ....

....

....

....

....

Juillet

Lundi 17	Mardi 18	Mercredi 19	Jeudi 20
Charlotte ☼ 6h13 21h33	Frédéric ☼ 6h14 21h32	Arsène ☼ 6h15 21h31	Marina ☼ 6h16 21h30

ARCHITECTURE

Les phares et balises

On confond beaucoup les phares et les balises, qui sont deux choses tout à fait différentes. Les balises sont des éléments maritime qui peuvent servir à signaler des dangers en mer, marquer des entrées de port, ou délimiter des chenaux de navigation. Les phares sont des bâtiments pérennes, qui font partie du patrimoine. Ils sont reportés sur les cartes de navigation en tant qu'amers, c'est-à-dire points repère pour le calcul des routes de navigation.

Patrimoine

Le lit clos, un petit appartement

Autrefois la maison était composée d'une unique pièce à vivre. Dans cette pièce se côtoyaient armoires à linge, horloge, vaisselier et lit clos. Le lit clos est une sorte d'armoire surélevée pour éviter l'humidité du sol en terre battue, avec un banc-coffre qui sert de marchepied. C'était la solution idéale pour avoir un espace d'intimité, et c'était le meuble principal jusqu'au XXe siècle. Il était sculpté et orné de clous selon la position sociale du propriétaire. Chaque « pays breton » avait ses particularités au niveau des ouvertures : des rideaux, une ou deux portes coulissantes. Il existe également des lits clos à étages, les plus jeunes étant alors au niveau supérieur.

Gastronomie

Connaissez-vous la Françoise de Foix ?

La belle Françoise de Foix est née en 1494. Plus tard, elle deviendra comtesse de Châteaubriant. Séduit par sa beauté et son intelligence, François Ier en fera sa favorite pendant plus de 10 ans. La légende de cour attribue la longévité de cette liaison à un talent caché de la jeune femme : en effet, pour garder le roi auprès d'elle, Françoise de Foix confectionnait des petits raisins macérés dans l'alcool dont il raffolait. Cette recette bien gardée fut remise au goût du jour par un chocolatier de Châteaubriant qui créa en son souvenir et à son image cette délicieuse spécialité : du praliné qui enrobe un raisin à la liqueur : cette spécialité de Châteaubriant se laisse déguster depuis 1932 ! Françoise de Foix est devenue l'ambassadrice du charme et de l'esprit des dames de France à travers le monde, grâce à l'originalité raffinée de cette spécialité.

Vendredi 21	Samedi 22	Dimanche 23
Victor — ☼ 6h18 / 21h29	Marie-Madeleine — ☼ 6h19 / 21h28	Brigitte — ☼ 6h20 / 21h27

Personnage

Robert Surcouf

C'est un audacieux corsaire né le 12 décembre 1773 à Saint-Malo, qui prit le contrôle d'un navire britannique en octobre 1800 dans l'embouchure du Gange alors que ce navire, trois fois plus imposant que le brick de Surcouf, possédait le double de canons. Peu importe ! En moins de deux heures, l'intrépide marin récolta un considérable butin : près de 100 millions de livres. En 1804, ce breton de Saint-Malo reçoit la Légion d'honneur des mains des mains de Napoléon. À partir de 1809, il sera armateur, jusqu'à sa mort en 1827. L'épitaphe que l'on peut lire sur sa tombe dit :

Un célèbre marin a fini sa carrière
Il est dans le tombeau pour jamais endormi
Les matelots sont privés de leur père
Les malheureux ont perdu leur ami.

Météo

	L	M	M	J	V	S	D
🌡							
☀							
⛅							
☁							
🌧							
⛈							
🌫							
❄							
⏲							

NOTES..........

Qui suis-je ?

On me surnomme la « petite Suisse bretonne ». Je m'étends sur 3 000 hectares entre les Côtes d'Armor et le Morbihan. Je suis et riche d'une faune et d'une flore typique des sous-bois. J'abrite l'ancien village sidérurgique des Forges des Salles, et des sites naturels remarquables comme le Saut du Chevreuil, point culminant de la forêt avec ses 283 mètres. Peuplée de chênes, de hêtres, d'épicéas, de pins, d'ifs, de houx, je suis une zone d'hivernage pour les oiseaux, j'accueille près de 70 espèces d'oiseaux nicheurs.

La forêt de Quénécan

DESSIN LOGIQUE

Nous vous indiquons la suite des points à noircir (en partant de la gauche pour chaque ligne et en partant du haut pour chaque colonne) : par exemple 3 1 dans une ligne signifie qu'on trouvera sur cette ligne 3 points côte à côte puis 1 point isolé en partant de la gauche, à vous de deviner par recoupements entre lignes et colonnes où ils sont situés. Nous avons placé une case noire pour vous aider à commencer.

Ligne	Indices
1	5
2	5
3	6
4	2 3 1 3
5	1 1 1 1 1 3
6	1 1 1 1 1 1 3
7	1 1 1 1 1 3
8	1 1 1 1 5
9	1 1 1 1 4
10	2 2 1 1 3
11	8 3
12	7
13	6

Colonne	Indices
1	2
2	1 1
3	1 1
4	1 2 2
5	1 1
6	1 1 1 2
7	1 3 3
8	3 4
9	5 1 3
10	4 2 5
11	3 1 1 3
12	2 1 2 1 2
13	1 1 1 1
14	1 1
15	2
16	4
17	5
18	3 3
19	2 3
20	1 2
21	1

MOTS MÊLÉS

Retrouvez les 46 prénoms celtiques cachés dans la grille ci-dessous.
Ils peuvent être écrits à l'endroit ou à l'envers, à l'horizontale, à la verticale ou en oblique, et la même lettre peut servir à plusieurs mots.
Une fois tous les mots trouvés, les lettres restantes formeront le nom d'un artiste breton à la renommée mondiale

Liste de mots

Aenor • Alan • Alis • Ana • Anig • Armel • Azel • Briac • Cast • Denez • Diwan • Elen • Eliaz • Eon Erell • Even • Ewen • Gwendoline • Hermine • Herve • Hoel • Ilan • Jagu • Job • Jud • Loic • Lomig Lug • Maden • Mahe • Maiwen • Malo • Morgan • Paol • Pol • Renan • Rieg • Roparz Servane • Solen • Tristan • Tual • Uriel • Yann • Yoan • Yuna

E	V	E	N	R	S	A	N	U	Y	G	Z	Y
H	A	E	A	N	E	U	M	A	I	W	E	N
A	E	N	O	R	R	N	G	N	W	W	N	E
M	R	R	Y	N	V	H	A	A	E	I	E	L
M	E	M	V	N	A	O	R	N	J	U	D	E
O	L	A	M	E	N	E	E	O	T	T	B	I
R	L	D	E	R	E	L	L	R	P	A	O	L
G	W	E	N	D	O	L	I	N	E	A	J	S
A	A	N	E	M	B	S	A	G	R	L	R	A
N	A	L	I	R	T	L	Z	M	E	E	C	Z
L	N	G	I	A	A	H	E	R	M	I	N	E
O	U	A	N	S	O	L	E	N	O	R	R	L
P	C	G	Y	T	S	A	C	L	A	U	T	N

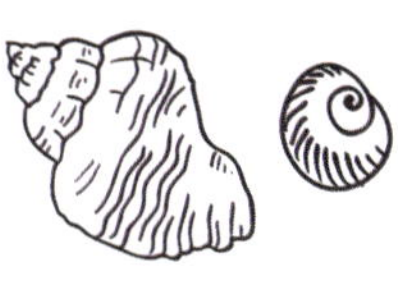

Lundi 24 Christine ☼ 6h21 21h26
Mardi 25 Jacques ☼ 6h22 21h25
Mercredi 26 Anne, Joachim ☼ 6h23 21h24
Jeudi 27 Nathalie ☼ 6h24 21h23

Le village des Forges-des-Salles

Une des forges à bois les plus anciennes et les mieux préservées de Bretagne se trouve au cœur de la forêt de Quénécan, à quelques kilomètres du lac de Guerlédan, vestige d'une activité industrielle prospère pendant près de trois siècles. Les Forges-des-Salles sont un ancien site sidérurgique fondé en 1623 par Geoffroy Finement d'Angicourt. L'activité de la forge s'est arrêtée en 1877 mais le village a continué à vivre et il est aujourd'hui entièrement restauré. Le logis du maître de forges, la chapelle, l'école, la cantine, les ateliers des forgerons et le bâtiment du haut-fourneau témoignent d'une vie ouvrière aux XVIIIe et XIXe siècles.

LÉGENDES

La cavalcade de Scaër

La première fête de la Mi-Carême fut organisée en 1923, le week-end de la Pentecôte, sous la neige ! À l'époque, les chars étaient tractés par les chevaux. L'entreprise Bolloré, implantée sur la commune, participait également au défilé avec son char construit avec le matériel de l'usine. Aujourd'hui, la cavalcade de Scaër se tient tous les deux ans, les années impaires. On compte une trentaine de chars construits par les différents quartiers qui défilent sur 2 jours dans les rues de la commune, des fanfares et des groupes musicaux défilent entre les chars. Environ 2 tonnes de confettis sont utilisées durant le week-end ! De 2 à 6 mois sont nécessaires à la construction des chars et costumes car les bénévoles y consacrent leurs soirées et leurs week-ends !

ARCHITECTURE

Morlaix, un pont sur le monde

Les maisons à *pondalez* sont des manoirs urbains à pans de bois, typiques de Morlaix (Finistère). Construites par les riches marchands de Morlaix, elles accueillaient à partir du XVe siècle les marchands étrangers venant acheter les toiles de lin. Leur particularité : un escalier de bois sculpté dessert différentes pièces, sur plusieurs étages, par des ponts d'allée (*pondalez* en breton). On retrouve ces escaliers dans des musées partout dans le monde, comme dans le Missouri aux États-Unis ou encore dans le Victoria and Albert Museum à Londres !

Vendredi 28 — Samson — ☼ 6h25 — 21h22
Samedi 29 — Marthe — ☼ 6h26 — 21h20
Dimanche 30 — Juliette — ☼ 6h27 — 21h19

Personnage

Jeanne de Belleville

La « Tigresse bretonne », *alias* Jeanne de Belleville, a attaqué les bâtiments de Philippe VI, roi de France, sur un navire qu'elle a baptisé *Ma vengeance* car en 1343, lors de la guerre de Succession du duché de Bretagne, son mari Olivier de Clisson a été exécuté sur ordre du roi. La vengeance de Jeanne fut terrible envers tous ceux qui avaient prêté allégeance au roi de France. À la tête d'une armée de plusieurs centaines d'hommes, elle massacra des équipages, décapita des nobles, dévasta les châteaux des seigneurs ayant prêté allégeance au royaume de France. Elle renonca à sa vengeance en 1356, et épousa un noble anglais, proche du roi Édouard III. Son fils Olivier V de Clisson, triste ironie du sort, devint connétable du roi de France Charles VI.

Qui suis-je ?

Je suis né à Nantes le 24 juillet 1931. Je deviens Enseigne de vaisseau en 1960, je termine ma carrière en tant que Capitaine de vaisseau. Grâce à un statut d'officier détaché je peux m'adonner à ma passion. Je deviens alors une référence incontournable dans le monde de la voile et un pionnier dans le développement des multicoques. Depuis 1938 mes bateaux ont toujours porté le nom breton de la mésange à tête noire, Pen duick avec lesquels j'ai gagné de nombreuses courses. Je disparais en mer d'Irlande le 13 juin 1998.La cité de la voile de Lorient porte mon nom.

Éric Tabarly

Météo

	L	M	M	J	V	S	D

NOTES ....

Lundi 31 — Ignace de L. — ☼ 6h29 — 21h18
Mardi 1er — Alphonse — ☼ 6h30 — 21h17
Mercredi 2 — Julien Eymard — ☼ 6h31 — 21h15
Jeudi 3 — Lydie — ☼ 6h32 — 21h14

FAUNE ET FLORE

Le mouton d'Ouessant

Qu'a-t-il de particulier, ce mouton ? Tout d'abord, il est noir et il est d'une race parmi les plus petites en France. Sa taille au garrot ne dépasse pas les 50 cm, les femelles pouvant faire 10 cm de moins ! La laine est généralement noire, mais les standards de la race acceptent aussi la brune et la blanche. La peau, par contre, est toujours noire. Les cornes, recourbées autour des oreilles, sont épaisses. La queue est courte. En 1900, plus de 6 000 moutons se partageaient, avec les vaches et chevaux, les 1 562 hectares de l'île d'Ouessant. Cette race rustique a failli disparaître lorsqu'ont commencé les croisements avec les moutons du continent mais aujourd'hui elle n'est plus du tout menacée. Elle est beaucoup utilisée pour l'entretien des parcs et des jardins, des terrains pentus.

Personnage

Et le bourreau était une femme !

Marguerite Le Pastour, née le 2 août 1720 à Cancale, s'enfuit du domicile paternel après le remariage de son père en se faisant passer pour un homme grâce aux vêtements de son frère aîné. Sous le nom d'Henry, elle servit dans les troupes de Marie-Thérèse d'Autriche, et travailla au service du bourreau de Strasbourg puis de Montpellier. Elle fut également le bourreau officiel de la ville de Lyon pendant 27 mois, pendant lesquels elle procéda à 3 exécutions. Elle fut dénoncée par une servante qu'elle avait recueillie et fut incarcérée 10 mois à la prison de Lyon où elle épousa Noël Roche, ce qui lui valut sa libération. Le couple vint alors s'installer à Cancale.

Patrimoine

L'œillet en pays Paludier

Un œillet en pays Paludier, la région des marais salants de Guérande, ce n'est pas une fleur, c'est un bassin rectangulaire appelé aussi cristallisoir, à fond bombé, situé à 1,50 m au-dessus du niveau de la mer, où la majeure partie du sel est récoltée. Le paludier, c'est-à-dire la personne chargée de récolter le sel, pousse l'eau avec son râble en l'effleurant légèrement, et c'est le bourrelet d'eau qui, marchant devant le râble, soulève et entraîne le sel vers le bord de l'œillet !

Vendredi 4 — Jean-M. Vianney — ☼ 6h33 — 21h13

Samedi 5 — Abel — ☼ 6h34 — 21h11

Dimanche 6 — Transfiguration — ☼ 6h36 — 21h10

Qui suis-je ?

Je suis né en 1922 aux États-Unis dans le Massasuchetts. Je suis un poète et un écrivain, élevé au cœur d'une Amérique puritaine. Épris de liberté, j'ai ouvert le pas à la Beat Generation. Mon père n'a eu de cesse de me dire : « n'oublie jamais que tu es breton », car mon ancêtre, Urbain François Le Bihan de Kervouach, était né à Huelgoat, dans le Finistère. Tantôt aimé, tantôt détesté, j'ai marqué mon siècle par mes multiples œuvres dont la plus connue reste sans conteste Sur la route, *roman qui relate l'histoire de la ruée vers l'Ouest.*

Jack Kerouac

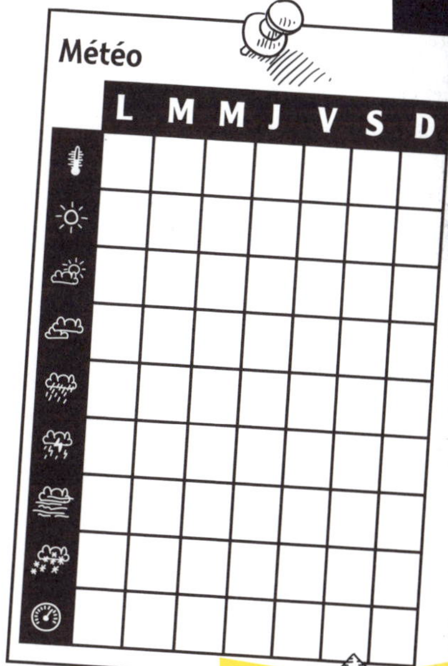

Gastronomie

La Niniche de Quiberon

C'est une petite sucette de forme cylindrique tout en longueur à base de sucre et de glucose. Elle est née en 1946 lors de l'implantation de la confiserie de M. et Mme Audebert à Quiberon, qui voulaient un nom à consonance enfantine pour leur sucrerie. Dans la France de l'après-guerre, la population redécouvre le sucre et fait de la Niniche un succès, la célèbre sucette allongée n'avait à l'origine qu'un seul parfum : caramel au beurre salé. On en compte aujourd'hui une cinquantaine. Elle est référencée au patrimoine culinaire de France et a été désignée « meilleur bonbon de France » à sa création, au salon de la confiserie à Paris.

NOTES ....

Août

Lundi 7
Gaétan — ☼ 6h37 — 21h08

Mardi 8
Dominique — ☼ 6h38 — 21h07

Mercredi 9
Amour — ☼ 6h39 — 21h05

Jeudi 10
Laurent — ☼ 6h41 — 21h04

ARCHITECTURE

Les menhirs de Carnac

Carnac, dans le Morbihan, est le sanctuaire mégalithique le plus concentré au monde. Pourquoi ces 4 000 pierres dressées et alignées ? Nul n'a de réponse certaine, l'histoire de ces alignements reste encore assez mystérieuse...

Gastronomie

Le curé nantais

Qu'a-t-il de particulier, ce curé nantais ? C'est un fromage, figurez-vous ! Un fromage à base de lait cru de vache, à pâte molle, à croûte lavée, à petits trous. L'histoire commence à la fin du XIXe siècle à Saint-Julien-de-Concelles, près de Nantes. C'est la rencontre entre un agriculteur, Pierre Hivert, et un prêtre qui donna naissance à ce fromage tout d'abord appelé Régal des gourmets, puis plus tard, curé nantais.

Bien de chez nous !

Conserveries

En 1880, la France est le premier et le seul pays producteur au monde de conserves de sardines et de thons à l'huile. 160 usines préparent les poissons, pêchés par 15 000 à 20 000 marins et mis en boîte par autant d'ouvrières. La sardine est le premier poisson à être mis en boîte de façon industrielle. Les conditions sont très difficiles, dans le vent et le froid l'hiver, dans la fournaise en été, tous les jours où le poisson arrive et jusqu'à 16 heures d'affilée pour que la sardine ne s'abîme pas. Aujourd'hui en Finistère, l'industrie de la conserverie continue de se développer. Il reste plus d'une trentaine de conserveries en activité, conserverie de thon, de sardine, et de maquereau. L'ensemble des ports de pêche de Cornouaille représente d'ailleurs le premier port de pêche au niveau national.

Vendredi 11 — Claire — ☼ 6h42 / 21h02

Samedi 12 — Clarisse — ☼ 6h43 / 21h01

Dimanche 13 — Hippolyte — ☼ 6h44 / 20h59

FAUNE ET FLORE

Homard breton

Le homard breton est bleu foncé avec des taches blanches ou noires plus ou moins marquées et un ventre blanc rosé. Il a plus de dents sur sa tête, ou plutôt son rostre, que son cousin canadien. Le homard breton est un gros crustacé décapode - il a cinq paires de pattes et est pourvu de deux fortes pinces, l'une dite broyeuse, la plus grosse, et l'autre dite coupante, la dentelée. Sa queue comporte six segments articulés. La chair du homard breton est reconnue pour son extrême finesse et son goût unique. Comment expliquer qu'il vire au rouge corail une fois plongé dans l'eau bouillante ? Tout simplement parce que le homard est riche en astaxanthine, pigment connu pour ses vertus anti-oxydantes. Si vous ne pouvez pas vous offrir du homard tous les jours, vous pouvez consommer l'astaxanthine, ce pigment bon pour la santé, sous forme de complément alimentaire !

Patrimoine

La dérobée

La dérobée est une danse bretonne originaire d'Italie et importée par les armées de Napoléon. Elle était dansée lors du pardon de la Saint-Loup qui avait lieu chaque année au début du mois de septembre à Guingamp. Après les vêpres, les pardonneurs reviennent en centre-ville en dansant la célèbre dérobée. Cette danse se pratique en cortège de couples. Mais pourquoi s'appelle-t-elle la dérobée ? À la fin d'une figure, gars et filles se séparent et c'est à ce moment-là que certains volent la cavalière des autres. Cela a pu déclencher quelques bagarres, la danse a même été interdite pendant un moment. Elle a repris au début du XXe siècle en présence de commissaires de dérobée qui veillaient à ce qu'il n'y ait pas d'incidents !

Météo

	L	M	M	J	V	S	D

NOTES ....

Août

Lundi 14 — Évrard — ☼ 6h45 — 20h58

Mardi 15 — Assomption — ☼ 6h47 — 20h56

Mercredi 16 — Armel — ☼ 6h48 — 20h54

Jeudi 17 — Hyacinthe — ☼ 6h49 — 20h53

FAUNE ET FLORE

Les demoiselles du Guilvinec

Qui sont ces jeunes femmes ? Des Bigoudènes en coiffe traditionnelles ? Pas exactement ! Ce sont de petits animaux marins, de couleur rose, armés de pattes dont deux longues avec des pinces… Les langoustines ! Petits crustacés qui peuvent dépasser les 20 cm, elles sont plus goûtées si elles sont petites.

On les trouve en Atlantique orientale, un peu en Méditerranée. Plongez entre 30 et 200 m, vous les rencontrerez.

Gastronomie

La galette saucisse

Spécialité d'Ille-et-Vilaine, c'est une saucisse de porc grillée enroulée dans une galette de sarrasin. C'est le hot-dog à la mode de Rennes et de la Haute-Bretagne. Elle est consommée froide, debout. Les supporters du stade rennais ont créé un chant intitulé *Galette-saucisse je t'aime* dans les années 1990. Aujourd'hui, il résonne bien au-delà du Roazhon Park.

Patrimoine

Cimetière de bateaux

Dans un méandre du Blavet, près du pont Bonhomme qui relie Lanester à Kervignac, dans le Morbihan, se trouve un site comme il y en a peu en France : le cimetière de bateaux de Kerhervy. Des dizaines de bateaux y reposent, certains depuis les années 1920. La plupart d'entre eux étaient des bateaux de pêche au thon de l'île de Groix.

Vendredi **18**
Hélène
6h50 – 20h51

Samedi **19**
Jean-Eudes
6h52 – 20h49

Dimanche **20**
Bernard
6h53 – 20h48

Personnage

Joséphine Pencalet

Joséphine Pencalet est née le 18 août 1886 et morte le 18 juillet 1972 à Douarnenez. À la tête de la grande grève des sardinières de 1924, qui réclamaient de meilleures conditions de travail et la revalorisation de leurs salaires, elle est le symbole de la lente conquête par les femmes du statut de citoyenne grâce à son élection au conseil municipal de Douarnenez en 1925. Elle figurait en 4e position sur la liste du parti communiste, à l'époque où les femmes n'étaient ni électrices ni éligibles ! Son élection fut malheureusement invalidée par le Conseil d'État en novembre 1925.

ARCHITECTURE

Le poète ferrailleur de Lizio

Tout comme le Facteur Cheval a construit un palais pour sa fille dans la Drôme, Robert Coudray, artiste, sculpteur et cinéaste surnommé le « poète ferrailleur », en a construit un pour son fils à Lizio, dans le Morbihan. De bric et de broc, c'est tout un univers magique et poétique qui est né de son imagination et de son habileté. La création de son royaume a d'ailleurs fait l'objet d'un film, *L'Enchanteur en chantier*. Le monde magique de Robert Coudray est fait d'automates, de machines farfelues, de tours multicolores et de bâtiments impensables...

Météo

	L	M	M	J	V	S	D

NOTES ....

Lundi 21	Mardi 22	Mercredi 23	Jeudi 24
Christophe ☼ 6h54 / 20h46	Fabrice ☼ 6h55 / 20h44	Rose de Lima ☼ 6h57 / 20h42	Barthélémy ☼ 6h58 / 20h41

Qui suis-je ?

Je domine la ville de Quimper perché sur mon cheval Morvarc'h, entre les deux flèches de la cathédrale. Roi de Cornouaille, j'ai vécu entre le IVe et le Ve siècle. Je suis le personnage principal de la légende de la ville d'Ys. Ma fille Dahut m'a dérobé les clefs de la ville et les a offertes au diable qui a ouvert les écluses, laissant la mer immerger ma belle cité.

Le roi Gradlon

Langue bretonne

Oh, la vache !

Un élève mécontent de la maîtresse, qui se vengerait en la traitant ainsi ? Que nenni, il s'agit ici d'une punition très en vogue au début du XXe siècle pour contraindre les élèves à s'exprimer en français, langue officielle. Celui ou celle qui était pris à parler breton se voyait attribuer ce symbole, appelé vache, qui pouvait être un bonnet d'âne, un vieux sabot ou un objet quelconque. Le défi était alors de s'en débarrasser au plus vite en coinçant quelqu'un d'autre, car il n'était pas question d'être le dernier à l'avoir de la journée, punition assurée à l'école mais aussi à la maison ! Honte sur le dernier à l'avoir à la fin de la récréation !

ARCHITECTURE

Le moulin à eau du cul blanc à Augan

Le moulin du Binio, dit « moulin du cul blanc », est situé sur l'Oyon à Augan, dans le Morbihan. C'est un ancien moulin à eau construit au début du XXe siècle et exploité jusqu'en 1940. On dit que le meunier avait, en fin de soirée, tendance à s'asseoir sur ses sacs de farine, d'où le nom !

Été

Semaine 34

Vendredi 25
Louis
☼ 6h59 ↓ 20h39

Samedi 26
Natacha
☼ 7h00 ↓ 20h37

Dimanche 27
Monique
☼ 7h01 ↓ 20h35

Bien de chez nous !

Ubisoft

Entreprise française de développement, d'édition et de distribution de jeux vidéo, créée en mars 1986 par les cinq frères Guillemot, originaires de Carentoir dans le Morbihan. Ubisoft compte aujourd'hui 59 studios et emploie plus de 21 000 personnes dans le monde entier !

Gastronomie

Fleur de sel

Non, ce n'est pas une fleur qui pousse sur le sel ! La fleur de sel est la mince couche de cristaux blancs qui se forme et affleure la surface des marais salants par l'action évaporatrice du vent. La fleur de sel est récoltée en surface, c'est la première tâche de la journée pour le paludier, un travail minutieux et difficile. Les conditions météorologiques nécessaires à la formation de cet or blanc à la surface des œillets, les bassins où cristallise le sel, sont : un temps sec, ensoleillé et un vent d'est. Les paludiers doivent récolter la fleur de sel rapidement après sa formation à la surface de l'eau pour préserver toutes ses qualités. La fleur de sel a une teneur plus élevée en calcium et en magnésium, et possède une saveur plus douce que d'autres sels. Un œillet produit 50 kg de gros sel par jour mais seulement 2,5 kg de fleur de sel, c'est donc un produit rare et plus cher ! À Guérande, les paludiers récoltent la fleur de sel selon un savoir-faire de plusieurs millénaires à l'aide d'une lousse, un outil traditionnel.

Météo

	L	M	M	J	V	S	D

NOTES ....

LOGIGRILLE

FÊTE AU VILLAGE

Le but de ce jeu est de relier les bonnes données entre elles à l'aide d'indices et d'une grille de résolution. Quand vous avez trouvé un « match » entre deux propositions, mettez un « O » pour « oui » dans la grille. Quand vous êtes en mesure d'éliminer avec certitude une combinaison entre deux propositions, mettez un « N » pour « non » ou une croix dans la case correspondante.

À la fête du village, un groupe d'amis a participé à des sports et des jeux traditionnels. Découvrez qui a joué contre qui, et à quel jeu.

	YANN	YVON	ERWAN	KATELL	GOUREN	QUILLES	GALOCHE	BOULES BRETONNES
NOLWENN								
ROZENN								
LOÏC								
GWENOLA								
GOUREN								
QUILLES								
GALOCHE								
BOULES BRETONNES								

Indices

- Loïc et Yvon se sont affrontés mais ce n'était pas au gouren, ni à la galoche, ni aux quilles.
- Celle qui a fait du gouren avec Katell ne se prénommait pas Rozenn.
- Nolwenn n'a pas joué aux quilles et son (ou sa) partenaire ne se prénommait ni Yann ni Katell.

TEXTE À TROUS

Certains mots de ce texte se sont brouillés et ont été remplacés par leurs anagrammes. Saurez-vous les remettre en place, sans tenir compte des accents, et reconstituer le texte original ?

Le **bonimahr**................., espèce de mer **nuiteerire** ...., qui monte et descend sous la **nesirops** .... des **armees** .... du grand Océan, s'étend devant le **trop** .... de Vannes. Il le faut traverser pour gagner le **regal** ....
Il est plein d'îles, d'îles druidiques, **yetismesures** ...., **athenes** ....
Elles portent au dos des tumulus, des **mhenris** ...., des **meldons** ...., toutes ces **prieres** .... **argentes** .... qui furent presque des dieux.

Extrait de *En Bretagne*, Guy de Maupassant.

Lundi 28 — Augustin — ☼ 7h03 — 20h33
Mardi 29 — Sabine — ☼ 7h04 — 20h32
Mercredi 30 — Fiacre — ☼ 7h05 — 20h30
Jeudi 31 — Aristide — ☼ 7h06 — 20h28

GÉOGRAPHIE

La barre d'Étel

Vous souvenez-vous du drame qui s'y est passé en 1958 ? Le 3 octobre, Alain Bombard voulut, malgré le désaccord des gens de mer, démontrer que son canot pneumatique était capable d'affronter n'importe quelles conditions de mer. La barre d'Étel fut le terrain de cette expérience qui se transforma en tragédie car le canot se retourna, 9 personnes y perdirent la vie : 4 personnes à bord du canot et 5 sauveteurs en mer. La barre d'Étel est un banc de sable sous-marin qui se forme à marée montante ou descendante. Il se déplace au gré des vents et des courants qui se croisent à l'entrée de la ria, au point de rencontre de la mer et de la rivière, rendant difficile l'entrée de la ria et la barre infranchissable. À marée basse, les courants peuvent se transformer de façon imprévisible en vagues déferlantes ou en vagues de fond, et causer des dégâts sur les embarcations.

ARCHITECTURE

Le moulin et son avion au Juch

Un pilote, induit en erreur par la présence d'un avion, aurait confondu le château d'eau du Juch, dans le Finistère, avec la tour de contrôle de l'aéroport de Quimper Pluguffan, et aurait voulu atterrir sur la nationale ! Heureusement les contrôleurs aériens l'ont remis dans le droit chemin. Étonnant ? Non, car depuis 1976, un avion de ligne est le symbole de la boîte de nuit Le Moulin, au Juch. Ce Super-Constellation de 35,5 m de long et 37,5 m d'envergure, pouvant accueillir 100 passagers, avait été acheté afin d'y créer un bar, voire une boîte de nuit.

Gastronomie

La saucisse de Molène

La saucisse de Molène était produite sur la petite île de Molène, à l'extrême ouest du Finistère. Elle tient sa particularité du mode de vie de Molène où il n'y a pas d'arbre. Ne pouvant utiliser ce combustible pour se chauffer ou cuisiner, les habitants de Molène utilisent les algues échouées sur les plages, le goémon. Le fumage aux algues est un savoir-faire unique de Molène, qui permet de conserver les aliments plus longtemps tout en leur donnant une saveur exceptionnelle, un goût iodé. Autre particularité : la chair de la saucisse de Molène est coupée au couteau. Un hachage grossier qui lui donne de la mâche. On utilise la saucisse de Molène dans de nombreux plats car elle est peu grasse.

Vendredi 1er — Gilles — ☼ 7h08 — 20h26

Samedi 2 — Ingrid — ☼ 7h09 — 20h24

Dimanche 3 — Grégoire — ☼ 7h10 — 20h22

Personnage

Clémence Lefeuvre, inventrice officielle du beurre nantais ou beurre blanc !

Le beurre nantais, vous en avez déjà entendu parler ? C'est en fait ce que l'on appelle un beurre blanc. On le fabrique à partir d'une émulsion de beurre demi-sel et de vin blanc auquel on ajoute de l'échalote. Il se présente sous forme de sauce que l'on sert en accompagnement, notamment avec du poisson. Mais revenons sur l'histoire de cette invention locale ! La scène a lieu à la fin du XIXe siècle en sud Loire, dans la commune de Saint-Julien-de-Concelles. Clémence Lefeuvre travaille comme cuisinière dans un restaurant. L'histoire raconte qu'elle aurait un jour raté sa sauce béarnaise, oubliant d'intégrer estragon et jaunes d'œuf. On appelle d'ailleurs le beurre blanc « beurre raté » dans la région nantaise.

Patrimoine

Qui ne connaît pas la fameuse marinière ?

Le célèbre vêtement à rayures, également appelé tricot rayé, que l'usine Armor Lux de Quimper produit depuis de nombreuses années est au départ un vêtement militaire. L'histoire nous dit que les rayures sont au nombre de 21, correspondant aux 21 victoires de Napoléon. Les rayures des manches, souvent au nombre de 14, sont moins identifiées... La première à avoir utilisé la marinière comme élément de mode fut Coco Channel, et d'autres couturiers la suivent depuis ce temps !

Météo

	L	M	M	J	V	S	D

NOTES ....

....

....

....

....

Septembre

Lundi 4	Mardi 5	Mercredi 6	Jeudi 7
Rosalie	Raïssa	Bertrand	Reine
☼ 7h11	☼ 7h13	☼ 7h14	☼ 7h15
20h20	20h18	20h17	20h15

GÉOGRAPHIE

Le petit jaune

Une boisson alcoolisée à base d'anis ? Oui, mais pas seulement ! En Bretagne, c'est le nom donné au pays d'Elliant et ses environs, dans le Finistère, à cause de la dominante jaune dans les broderies du costume masculin au XXe siècle. Le pays *melenig,* c'est le pays « petit jaune », et c'est aussi par extension le nom donné à ses habitants ! Ces habitants organisent tous les ans la nuit jaune, un fest-noz où la couleur jaune domine, bien évidemment !

Patrimoine

L'arbre d'or de Brocéliande

L'arbre d'or est une des principales attractions de la forêt de Brocéliande. En 1990 un incendie a détruit plus de 400 hectares de landes et de bois dans le Val sans retour. Des milliers d'arbres sont alors replantés, essentiellement par des bénévoles. Ce châtaignier, recouvert de feuilles d'or, symbolise cette renaissance de la forêt. Il est entouré de 5 arbres calcinés qui représentent, eux, la disparition de la nature. Les branches de l'arbre sont les bois du grand cerf des légendes, une des apparences de Merlin ! C'est l'œuvre de François Davin.

Gastronomie

La fraise de Plougastel

Originaire du Chili, elle était de couleur blanche quand elle est arrivée à Brest en 1739. On la consomme nature, en confiture, en sorbet, en sirop ou en liqueur. Véritable produit de terroir, elle fait la fierté et la renommée de sa commune, célèbre également pour son calvaire et ses costumes traditionnels parmi les plus colorés de Bretagne.

Vendredi 8 — Nativité — ☼ 7h16 — 20h13

Samedi 9 — Alain — ☼ 7h17 — 20h11

Dimanche 10 — Inès — ☼ 7h19 — 20h09

ARCHITECTURE

Les ardoisières

L'ardoise est exploitée dans les carrières de schiste ardoisier depuis le Moyen Âge en Bretagne et c'est au cours du XVIIe siècle qu'elle s'est développée. Elle se concentre dans le centre Bretagne, de Châteaulin à Mûr-de-Bretagne. La construction du canal de Nantes à Brest a révélé de nombreux filons et des centaines d'ardoisiers se sont alors installés. Avec le développement des réseaux de transport, ces exploitants vont peu à peu se déplacer vers l'est où la matière est plus importante : Motreff, Gourin, Maël-Carhaix et Plévin deviennent des centres majeurs de l'activité ardoisière. Les ardoises noires bleutées sont réputées pour leur qualité et couvrent les toitures de toute la Bretagne et de nombreux monuments parisiens et français. La crise de 1929 va toucher ce secteur et les carrières vont fermer les unes après les autres, d'autant que le marché régional est concurrencé par des produits angevins et espagnols.

Météo

	L	M	M	J	V	S	D

Personnage

René Madec

C'est un Quimpérois, né en février 1736, mort en juin 1784 dans cette même ville. Embarqué dès son 11e anniversaire sur les navires de la Compagnie des Indes, il combat les Anglais en Inde. Il crée une armée privée qu'il met au service du grand Moghol indien, il est récompensé par le titre de Nabab. De retour en France, il est anobli par Louis XVI. Il revient s'installer dans sa ville natale où il meurt des suites d'une chute de cheval… Allez visiter son joli manoir, actuellement une résidence hôtelière qui vous recevra dans un cadre superbe !

NOTES ....

Lundi 11 — Adelphe — 7h20 / 20h07

Mardi 12 — Apollinaire — 7h21 / 20h05

Mercredi 13 — Aimé — 7h22 / 20h03

Jeudi 14 — Croix Glorieuse — 7h24 / 20h01

Patrimoine

Le *kan ha diskan*

Le *kan ha diskan*, que l'on peut traduire par « chant et contre-chant », « chant et re-chant » ou « chant et déchant », est, en Bretagne, une technique de chant à danser *a cappella* traditionnel et tuilé en breton, pratiquée à deux ou plus. Le meneur, *kaner*, ou la meneuse, *kanerez*, chante le couplet qui est repris ensuite par le ou les autres chanteurs, appelés *diskaner(ien)*, commençant sur les dernières syllabes du précédent. Il est principalement pratiqué en Centre-Bretagne, *Kreiz Breizh* en breton, par un couple ou un trio.

Gastronomie

Savez-vous pourquoi le beurre est salé en Bretagne ?

À la base, il y avait du sel dans le beurre partout. Puis la gabelle sur le sel a été instaurée par le roi Philippe VI, en 1345. Pour la population française, le sel conservé dans des greniers à sel devint une denrée chère puisque taxée. La Bretagne n'était pas concernée car elle n'était pas rattachée à la couronne : elle était donc exemptée de gabelle. Ainsi, les Bretons ont pu continuer à consommer et utiliser le sel bon marché et à en mettre dans le beurre !

ARCHITECTURE

Le château de Josselin

Appartenant à la famille de Rohan depuis plusieurs siècles, le château de Josselin domine le canal de Nantes à Brest. La première construction date du XIe siècle. En 1370, Olivier de Clisson transforme la bâtisse en une forteresse : un donjon entouré de neuf tours. Après les guerres de religions, puis la Révolution, il n'en reste que quatre… Le logis date du début du XVIe siècle. Le château reste à l'abandon jusque vers 1850, date à laquelle Josselin de Rohan et son fils Alain entament une grande restauration avec l'aide des architectes Jules de La Morandière et Henri Lafargue. Le château abrite aujourd'hui un musée de poupées et de jouets de près de 5 000 pièces. Il possède également un magnifique jardin à la française, une roseraie avec 160 rosiers, et un parc à l'anglaise.

Vendredi 15	Samedi 16	Dimanche 17
Roland	Édith	Renaud
☼ 7h25 / 19h59	☼ 7h26 / 19h57	☼ 7h27 / 19h55

Le rail d'Ouessant

Ne vous méprenez pas : le train entre le continent et l'île d'Ouessant n'existe pas encore ! Le rail d'Ouessant est un passage maritime qui permet aux bateaux de naviguer le long des côtes bretonnes, en Manche et en Atlantique. C'est comme une autoroute de la mer, avec des règles de circulation, des limitations de vitesse, des voies à sens unique. Ce dispositif a fait suite aux collisions entre bateaux, aux différents naufrages et aux marées noires qui ont souillé les côtes bretonnes dans les années 1970.

FAUNE ET FLORE

La reine de la baie : la coquille saint-Jacques

Le plus grand gisement naturel de coquilles Saint-Jacques de France, 150 000 hectares, se trouve dans la baie de Saint-Brieuc. La pêche à la coquille est très réglementée : elle est autorisée de fin octobre à fin avril, avec seulement 2 jours de pêche par semaine à raison de 45 minutes par jour, de façon à gérer la ressource et permettre son renouvellement. La pêche se pratique enfin en dehors de la période de reproduction, ce qui explique l'absence de corail ! La pêche des coquilles de moins de 11 cm est interdite. Les bateaux, appelés coquilliers, débarquent 6 500 tonnes dans les ports de la baie de Saint-Brieuc : Erquy, Saint-Quay-Portrieux et Loguivy-de-la-Mer. Les coquilles se nichent dans les fonds sablonneux entre 5 et 40 mètres de profondeur. La confrérie de la coquille Saint-Jacques valorise et promeut la « reine de la baie » depuis 1988.

Météo

	L	M	M	J	V	S	D

NOTES ....
....
....
....
....

Septembre

Lundi 18 Nadège ☼ 7h29 19h53

Mardi 19 Émilie ☼ 7h30 19h51

Mercredi 20 Davy ☼ 7h31 19h49

Jeudi 21 Matthieu ☼ 7h32 19h47

GÉOGRAPHIE

Un terril en Bretagne ?

L'exploitation des mines d'étain et de métaux entre Nozay et Abbaretz en Loire-Atlantique commence en 1911, et dure jusqu'en 1957. Le terril de 70 m de hauteur est toujours visible sur les 50 hectares de terres du site appelé la mine d'Abbaretz. Déjà à l'époque gallo-romaine, cette zone était l'une des sources d'étain les plus importantes. Le site du Bois-Vert produit 3 750 tonnes de cassitérite, minéral composé de dioxyde d'étain, entre 1952 et 1957 ! C'est en 2004 que la concession de la mine d'Abbaretz pour l'exploitation ardoisière cesse. Le titulaire du titre ayant disparu, la concession est dite orpheline, c'est l'État qui hérite du passif minier et devient le garant de la mise en sécurité des sites. Le terril est acquis par la commune et l'étang de la Mine, par le département, en 1996. Le site a laissé place à une ceinture boisée autour d'un étang profond de plus de 40 m.

Jeux & sports

Les quilles bigoudènes

Les jeux de quilles sont très populaires en Bretagne. On les pratiquait dans les fêtes locales. Aujourd'hui, ils ont disparu au quotidien mais sont pratiqués lors des fêtes comme les pardons. Des concours existent également. Le jeu de quilles bigoudènes est pratiqué dans le pays bigouden, dans le Finistère. Il est inscrit à l'Inventaire du patrimoine culturel immatériel en France. Il se compose de 9 quilles en bois, chacune portant le nom d'un membre de la famille et rapportant un nombre de points différent. Particularité : la boule est remplacée par un galet qui doit être lancé à une distance de 9 mètres des quilles.

Patrimoine

Le grand éléphant de Nantes

Fait de 48 tonnes de bois et d'acier, il mesure 12 m de haut, 8 m de large, 21 m de long et peut accueillir 50 passagers. C'est le symbole de Nantes, une des machines créées par la compagnie de théâtre de rue La Machine. Cet éléphant fait référence au roman de Jules Verne *La Maison à vapeur*, paru en 1880.

Vendredi 22
Maurice
☼ 7h34 — 19h46

Samedi 23
Automne
☼ 7h35 — 19h44

Dimanche 24
Thècle
☼ 7h36 — 19h42

Gastronomie

Palet breton

Il y a palet et palet, un qui se mange, l'autre qui se lance ! Et vous pouvez déguster un palet en jouant aux palets ! Le palet breton est un biscuit sec à pâte sablée, croustillant et fondant à la fois. Il a une épaisseur d'1,5 cm, et contient en moyenne 20 % de beurre demi-sel ainsi que du sucre vanillé. C'est une erreur de pesée qui a plus tard donné naissance à la fameuse galette de Pont-Aven, plus fine. Le nom et la forme du palet sont inspirés du jeu traditionnel de palet qui consiste à lancer les palets métalliques le plus près possible d'un plus petit palet. Ce jeu existe depuis le XIVe siècle. Une partie se joue en 12 points et en 2 manches gagnantes. Chaque palet placé sur la planche, sans avoir rebondi sur le sol, le plus près du petit palet appelé maître, fait marquer un point à son équipe. Alors ne vous trompez pas, bon appétit ou bonne chance !

Qui suis-je ?

Je suis entièrement faite à la main avec des « chaudins » ou gros intestins de porc, et du sel. Les boyaux de porc sont enfilés les uns sur les autres, du plus étroit au plus large, ce qui me donne des cercles particuliers quand on me coupe. Je suis fumée au bois de hêtre et séchée avant d'être cuite. Ma cousine de Normandie diffère par sa composition : un mélange de chaudin, de menu (intestin grêle) et d'estomac.

L'andouille de Guémené

Météo

	L	M	M	J	V	S	D

NOTES ....

LOGIGRILLE

À L'ÉCOLE DE CUISINE

Le but de ce jeu est de relier les bonnes données entre elles à l'aide d'indices et d'une grille de résolution. Quand vous avez trouvé un « match » entre deux propositions, mettez un « O » pour « oui » dans la grille. Quand vous êtes en mesure d'éliminer avec certitude une combinaison entre deux propositions, mettez un « N » pour « non » ou une croix dans la case correspondante.

Quatre filles sont élèves d'une école de cuisine et ont appris les recettes traditionnelles de Bretagne. Elles passent un concours et proposent les plats qu'elles réussissent le mieux. Retrouvez pour chacune quelle entrée et quel plat elle présente pour l'occasion.

	COQUILLES SAINT-JACQUES GRATINÉES	LANGOUSTINES GRILLÉES	ARTICHAUTS FARCIS À LA SARDINE	SOUPE AUX COCOS DE PAIMPOL	MOULES AU CHOUCHEN	COTRIADE BRETONNE	KIG HA FARZ	POULET AU CIDRE
CAROLINE								
CHLOÉ								
CLOTILDE								
CONSTANCE								
MOULES AU CHOUCHEN								
COTRIADE BRETONNE								
KIG HA FARZ								
POULET AU CIDRE								

Indices

- Clotilde présente les artichauts en entrée mais ce n'est pas elle qui a cuisiné la cotriade.
- Celle qui propose les coquilles Saint-Jacques suivies de moules ne se prénomme ni Chloé ni Constance.
- Celle qui a cuisiné la soupe ne maîtrise pas bien la recette du Kig ha farz ni celle de la cotriade et ne se prénomme pas Constance.

TEXTE À TROUS

Certains mots de ce texte se sont brouillés et ont été remplacés par leurs anagrammes. Saurez-vous les remettre en place, sans tenir compte des accents, et reconstituer le texte original ?

Et voilà le grand **marche**................ de cette **etronce**................ ; elle est la **noirceur**................ des légendes. **Metros**................ partout, les vieilles **cyranecos**................ demeurent **cesarienne**................ dans ce sol de granit. Les vieilles histoires aussi sont **clubsinterdites**................ dans ce pays ; et le paysan vous parle des **sauverent**................ accomplies quinze **eclisse**................ plus tôt comme si elles dataient d'hier, comme si son père ou son grand-père les avait vues.

Extrait de *En Bretagne*, Guy de Maupassant.

Lundi 25
Hermann — ☼ 7h37 / 19h40

Mardi 26
Côme et Damien — ☼ 7h39 / 19h38

Mercredi 27
Vinc. de Paul — ☼ 7h40 / 19h36

Jeudi 28
Venceslas — ☼ 7h41 / 19h34

LÉGENDES

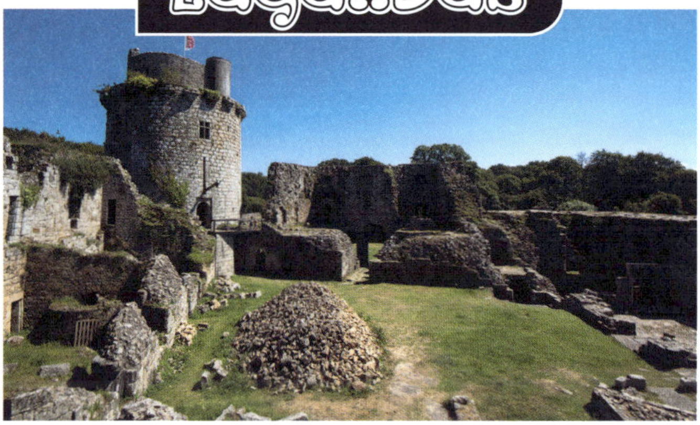

Le lièvre de Tonquédec

Connaissez-vous la légende du lièvre du château de Tonquédec ? Il paraît que tous les châteaux en ruine ont leur lièvre enchanté. Ce sont les âmes des anciens seigneurs qui font pénitence sous cette forme animale. Cruels de leur vivant, ils deviennent après leur mort des lièvres et ne sont délivrés que quand un chasseur leur tire dessus le nombre de balles qu'eux-mêmes ont tirées sur leurs victimes. On raconte qu'un lièvre gigantesque se promène souvent au milieu des ruines de Tonquédec. Les chiens s'arrêtent à sa vue, si on le poursuit, il ne s'enfuit pas mais se retire lentement et disparaît tout d'un coup comme par magie. C'est surtout les jours de lune argentée, quand les onze tours blanchissent, qu'on l'aperçoit. Les chiens tremblent de le pister et les plombs des chasseurs ne l'atteignent pas.

FAUNE ET FLORE

Le musée du loup

Pourquoi le musée du loup a-t-il été ouvert au cloître Saint-Thégonnec en 1991 ? Parce que c'est là qu'a été versée la dernière prime à un habitant ayant tué un loup dans les monts d'Arrée. Unique en France, le musée dresse un portrait complet du mammifère et met l'accent sur l'histoire du loup dans les monts d'Arrée. Il doit son origine aux collections et aux archives d'un naturaliste, Édouard Lebeurier.

Gastronomie

Les bottereaux nantais

Ce sont tout simplement des beignets qui se dégustent lors du Mardi gras. Des beignets à pâte levée, en forme de losanges, biens dorés et gonflés, avec une mie aérée et moelleuse, simples à préparer. Entre beurre et friture, les bottereaux ne manquent pas de gras. Farine, œufs, sucre... ils sont faits avec les matières premières « nobles » qui étaient utilisées dans les fermes autrefois. Une fois la pâte étalée et découpée en losanges, chaque pièce est frite. Les bottereaux gonflent en moins de dix minutes dans une huile à 160 degrés. Ils sont ensuite essorés puis saupoudrés de sucre semoule.

Vendredi 29
Michel
☼ 7h42 — 19h32

Samedi 30
Jérôme
☼ 7h44 — 19h30

Dimanche 1er
Thé. de l'E. Jésus
☼ 7h45 — 19h28

Qui suis-je?

Pour le reste de la France, je suis une pièce d'artillerie qui lance des boulets, un ancêtre du canon. Mais en Bretagne, je suis un instrument de musique. Je fais partie de la famille des hautbois, je suis traditionnellement associée au biniou pour former un couple de sonneurs. On ne me retrouve pas dans la composition d'un pipe-band, mais je suis un pupitre essentiel dans un bagad.

La bombarde

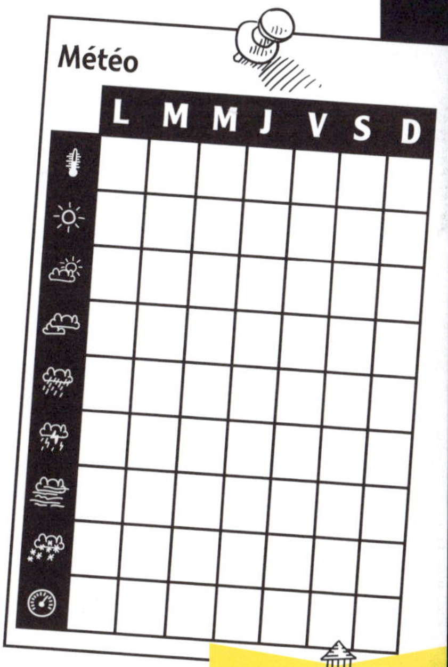

Personnage

Alexandre Massé

Alexandre Massé, né à Quimper en 1829 et enterré dans la même ville en 1910, était un philanthrope doublé d'un génial inventeur. Il n'apparaît pas parmi les figures marquantes de l'histoire du Finistère et pourtant la pointe bretonne doit beaucoup à ce personnage singulier qui fit fortune, au XIXe siècle, grâce à une invention révolutionnaire : le bouton à quatre trous ! Cela paraît aussi banal que le fil à couper le beurre mais grâce à cette trouvaille, Alexandre Massé amasse une jolie fortune avec laquelle il créera un centre de formation agricole et un orphelinat pour garçons, ouvert en 1901. Ces établissements forment le premier maillon de la fondation Massé-Trévidy qui aide encore aujourd'hui des personnes en difficulté.

NOTES ....

Octobre

Lundi 2	Mardi 3	Mercredi 4	Jeudi 5
Léger — 7h46 / 19h26	Gérard — 7h47 / 19h24	Fr. d'Assise — 7h49 / 19h22	Fleur — 7h50 / 19h20

GÉOGRAPHIE

La petite Venise du Trégor

C'est ainsi que l'on surnomme Pontrieux, une charmante petite ville située quelque part entre Guingamp et la mer, traversée par le fleuve Trieux. Des visites en bateau y sont organisées, car outre ses jolies rues et ses façades à colombages, Pontrieux est surtout connue pour ses 50 lavoirs, vestiges de la vie bourgeoise du XIXe siècle. En effet à l'époque, dans la « bonne société », on ne lavait littéralement pas son linge sale sur la place publique ! Chaque famille aisée disposait donc de son propre lavoir privé, où les lavandières – métier difficile s'il en est – allaient nettoyer draps et vêtements à l'abri des regards indiscrets…

LÉGENDES

Le Korrigan

Le korrigan, du mot breton *korr*, qui veut dire nain, auquel est ajouté le suffixe *ig*, « petit », est une créature légendaire, proche du lutin. Il se cache dans les grottes, les dolmens, mais surtout dans les landes, les sources et les fontaines. Il peuple la forêt sur laquelle il veille. Il joue ses tours à la tombée du jour, sortant de sa cachette pour danser et effrayer les visiteurs car il peut à la fois être bienveillant ou malveillant, il peut faire preuve d'une grande générosité mais il peut aussi être capable d'horribles vengeances ! Reconnaissable à sa drôle d'apparence, un chapeau pointu, un nez imposant et de grandes oreilles, une chevelure impressionnante, le korrigan se caractérise surtout par son côté très farceur.

Patrimoine

La brouette de Guéméné

Pas question de jardinage ici, on parle d'une coiffe ! Plus précisément de la coiffe du pays Pourlet, dotée de deux ailes arrière maintenues bien droites, presque à l'horizontale, par des petites pailles très fines. La coiffe a été surnommée brouette, en breton *karrigell*, sobriquet donné par les femmes des pays limitrophes. Elle couvre totalement les cheveux au XIXe siècle et ne va avoir de cesse de diminuer avec le temps pour devenir très petite. Elle se compose de quatre éléments : bonnet, ruban, sous-coiffe avec des brides qui se nouent sur la joue et la coiffe elle-même.

Vendredi 6
Bruno
7h51 / 19h19

Samedi 7
Serge
7h53 / 19h17

Dimanche 8
Pélagie
7h54 / 19h15

Jeux & sports

La galoche bigoudène

Est-ce une façon particulière de s'embrasser propre au pays bigouden ? Mais non ! La galoche bigoudène est un jeu de palet aux règles assez complexes. Il se pratique à l'aide de palets en fer de 850 grammes qui sont lancés pour renverser une galoche, autrement dit un petit cylindre de bois sur lequel est posé un liper. C'est ainsi que l'on appelle la pièce de monnaie posée au sommet de la galoche. C'est cette pièce qui sert ensuite de cochonnet, si l'on prend l'exemple de la pétanque : l'objectif est de lancer son palet le plus près possible du liper !

Gastronomie

La poule aux krassens à Belle-Île-en-Mer

C'est une très vieille préparation, toujours à l'honneur chez les Bellilois. À l'origine, c'était le plat familial du dimanche. Une « poule au pot » avec des krassens : des beignets de pâte salée cuits dans le bouillon. C'est certainement la recette la plus typique de Belle-Île. Bien évidemment, chacun a sa variante, mais elle ne s'éloigne jamais de la recette ancestrale.

Langue bretonne

Baragouiner

Ce mot vient du breton *bara*, « pain », et *gwin*, « vin » ; mots que les Français entendaient souvent dans la bouche des Bretons, et qui leur servirent à désigner un langage inintelligible. C'est toujours l'hypothèse favorisée par le *Dictionnaire historique de la langue française* (Robert). Le terme aurait pu servir de sobriquet xénophobe aux Bretons.

Météo

	L	M	M	J	V	S	D

NOTES ....

....

....

....

....

Octobre

Lundi 9	**Mardi 10**	**Mercredi 11**	**Jeudi 12**
Denis — ☼ 7h55 / 19h13	Ghislain — ☼ 7h57 / 19h11	Firmin — ☼ 7h58 / 19h09	Wilfried — ☼ 7h59 / 19h07

Qui suis-je ?

Je suis un écrivain né à Morlaix, à l'est de la rivière de Morlaix, donc dans le Trégor (de l'autre côté, à l'ouest, on est dans le Léon). J'ai eu le privilège d'entrer à l'Académie française en 1985 et d'y occuper le siège de Voltaire, ni plus ni moins ! Je suis officier de la Légion d'honneur et commandeur des arts et lettres.

Michel Morht

Porcaro et la Madone des Motards

Porcaro est une petite commune du Morbihan, reconnue comme la capitale française des motards ! C'est également un pardon unique et original créé en 1979 par l'abbé Prévoteau. Chaque année, les 14 et 15 août, près de 20 000 motards de toute la France et de l'Europe viennent vénérer la Madone de Fatima, pour se faire bénir avec leur moto. On l'appelle aussi le pèlerinage de la Madone des Motards. Il comprend une procession aux flambeaux, une messe suivie d'une bénédiction de plus de 2 heures des motos et motards. C'est le plus important pèlerinage de France du 15 août ; après celui de Lourdes !

Bien de chez nous !

L'*Ouest-Éclair*

C'est le nom de l'ancien quotidien régional qui fut publié de 1899 à 1944 par deux Bretons : l'abbé Trochu et Emmanuel Desgrées du Loû, un avocat. À la Libération, en 1944, *Ouest-France* a remplacé l'*Ouest-Éclair*. C'est aujourd'hui le premier quotidien payant, avec près de 50 éditions qui paraissent tous les jours. Et c'est aussi le premier quotidien francophone dans le monde !

Vendredi 13 — Géraud — ☼ 8h01 / 19h06

Samedi 14 — Juste — ☼ 8h02 / 19h04

Dimanche 15 — Thérèse d'Avila — ☼ 8h03 / 19h02

Gastronomie

Le « chumpot » de Groix

C'est un gâteau traditionnel local, dont la recette se transmet au sein des familles de l'île. Le gâteau groisillon, sorte de chausson fourré de beurre et de vergeoise et cuit au torchon dans de l'eau bouillante ou dans le bouillon de la potée, s'écrit donc *kouign pod* en breton, ce que l'on pourrait traduire par « gâteau cuit dans un pot », mais ça se prononce *tchum pôt* en breton du pays Vannetais. Il est facile et rapide à préparer !

Ingrédients :
- 1 kg de farine de froment
- 3 œufs
- 70 gr de crème fraîche épaisse
- 250 gr de sucre Vergeoise
- 160 gr de beurre salé

1. Sur votre plan de travail, mettez la farine en fontaine. Ajoutez les œufs et mélangez. Puis ajoutez la crème et mélangez à nouveau. Travaillez le tout comme une pâte à pain en faisant 2 à 3 tours de feuilletage.
2. Faites 2 boules et aplatissez-les. Déposez sur chacune des boules la moitié du sucre et la moitié du beurre en morceaux. Formez 2 chaussons en soudant bien les bords. Mettez chaque chausson dans un torchon ficelé comme un bonbon.
3. Cuisez 35 minutes dans de l'eau bouillante salée en laissant bien bouillir. Servir chaud coupé en tranches. Vous pouvez également réchauffer les restes coupés en tranches dans du beurre salé en laissant bien caraméliser !

Météo

	L	M	M	J	V	S	D

ARCHITECTURE

Trégourez : un totem au milieu du bourg !

Réalisée en 1994 par le sculpteur Patrig Ar Goarnig en souvenir de la foire-exposition agricole et des arts ménagers créée en 1961 où se pressaient des milliers de visiteurs, la sculpture en bois polychrome représente l'évolution de l'agriculture en Bretagne en s'interrogeant sur les bienfaits du progrès.

NOTES ....
....
....
....
....

Octobre

Lundi 16
Edwige — ☼ 8h05 — 19h00

Mardi 17
Baudoin — ☼ 8h06 — 18h59

Mercredi 18
Luc — ☼ 8h07 — 18h57

Jeudi 19
René — ☼ 8h09 — 18h55

Personnage

Philomène

Face à la cathédrale de Quimper, rue Kéréon, se trouve une statue de femme en costume de Pont-Aven : c'est Philomène. Avant de devenir la pâtisserie Rolland, en 1966, c'est une mercerie que l'on trouvait là. Une des employées, Philomène, était si appréciée des clients que sa patronne lui rendit hommage en installant cette statue sur la façade de l'échoppe.
La pâtisserie qui s'y trouve actuellement a baptisé ses fameux macarons du nom de cette femme que l'on peut toujours admirer. Philomène a même son homologue masculin qui lui fait signe depuis la maison d'en face.

Patrimoine

Les *Seiz Breur*

Sept frères… et plus ! Après la Première Guerre mondiale, les arts décoratifs en Bretagne ne se renouvellent pas et sont bien moins variés qu'auparavant. Alors de jeunes artistes et artisans, illustrateurs, graveurs, architectes, écrivains et autres se regroupent dans un mouvement artistique nommé *Seiz Breur*, qui veut dire « 7 frères » en breton. Ils développent des styles modernes dans leurs œuvres, caractéristiques des années 1920-1930, mais qui s'inspirent de l'histoire et du patrimoine bretons. Un art dynamique qui a le mérite de mélanger passé, modernité et identité !

ARCHITECTURE

Jouer aux cartes sur la flèche !

Nous sommes à Tréguier en Côtes-d'Armor. En 1785, la flèche de la cathédrale nécessitait une reconstruction, qui fut subventionnée par l'argent du loto royal : 20 000 livres accordées par Louis XVI. Maintenant, on peut donc voir les figures du jeu de cartes, trèfle, cœur, carreau et pique qui ornent la flèche ! Un ancêtre du loto du patrimoine !

Vendredi 20
Adeline — ☼ 8h10 — 18h53

Samedi 21
Céline — ☼ 8h11 — 18h52

Dimanche 22
Élodie — ☼ 8h13 — 18h50

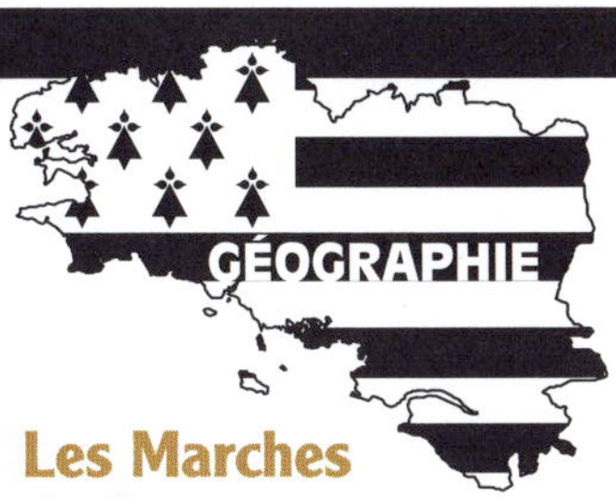

Les Marches de Bretagne

Un escalier remarquable ? Non ! C'est une zone frontalière créée au VIIIe siècle à l'est du duché de Bretagne, entre la Manche et l'Atlantique, qui va du Mont-Saint-Michel à Machecoul. Cette zone séparait le duché de Bretagne du royaume de France. C'était un carrefour d'échanges important, car de nombreux marchés et foires bénéficiaient de ces terres sans taxes. Il subsiste encore de nombreux vestiges patrimoniaux témoignant du rôle de frontière de cette zone : des châteaux médiévaux et des forteresses, comme celle de Vitré, ici en photo, des cohues, des halles, mais aussi de belles rangées de maisons urbaines à pans de bois sculptés. Le plus célèbre préfet, *Britannici limitis praefectus*, fut Roland, le neveu de Charlemagne, mort en 778 à Roncevaux.

Météo

	L	M	M	J	V	S	D

NOTES.......................................

Gastronomie

Le *Kig ha farz*

Le *Kig ha farz* est une spécialité culinaire du Léon, ancien évêché du Nord-Finistère. Le nom signifie « viande et farce ». C'est un pot-au-feu auquel on rajoute de la farce, pâte faite de farine de froment ou de sarrasin, mise dans un petit sac de toile pour cuire dans le bouillon. Le plat est arrosé d'une sauce à base de beurre (salé !), d'oignons ou d'échalotes, qui s'appelle le *lipig*.

Octobre

Lundi 23	Mardi 24	Mercredi 25	Jeudi 26
Jean de Capistran	Florentin	Enguerran	Dimitri
☼ 8h14 / 18h48	☼ 8h15 / 18h47	☼ 8h17 / 18h45	☼ 8h18 / 18h43

La piscine d'eau de mer à Saint-Malo

Une piscine sur la plage, dont l'eau se renouvelle toute seule deux fois par jour, tout au long de l'année ! René Le Saulnier en eut l'idée dans les années 1930. Il se désolait d'entendre les vacanciers, nombreux à fréquenter les établissements de bord de mer, lui dire qu'ils ne viendraient pas tel ou tel jour parce qu'ils ne pourraient pas se baigner, la mer se retirant trop loin lors des grandes marées. Quoi de mieux, du coup, qu'un plan d'eau disponible 24 heures sur 24 ? Cette idée reçut un accueil très mitigé dans la société malouine mais grâce à la ténacité de M. Le Saulnier, la piscine fut construite dans le courant de l'année 1936, et profita par la suite à tous les gens de Saint-Malo !

Bien de chez nous !

Le kabig

Manteau trois-quarts en laine tissée serrée avec une capuche, le kabig est un vêtement identitaire, commercialisé à partir des années 1960. On le portait dans tous les milieux : Jean Gabin l'a porté pour les besoins d'un film, ainsi que Pierre Fresnay, Yvonne Printemps, ou Madeleine Robinson. Ce vêtement a connu beaucoup d'évolutions. Il n'est pas doublé, contrairement au duffle-coat. Ses boutons en losange, appelés cabillots, sont taillés dans du bois de buis et parfois, celui du haut forme un sifflet. Mais avant d'être un manteau c'était le vêtement de travail des goémoniers, les ramasseurs d'algues, dès la première moitié du XIXe siècle au pays Pagan, dans le Nord-Finistère, autour de Kerlouan et Brignogan. Ce vêtement était taillé dans un solide tissu de laine de mouton non dégraissée et foulée pour améliorer son imperméabilité et sa résistance au vent. Une poche ventrale permettait de s'y réchauffer les mains. Les détails crantés des découpes et des poches évitaient que le tissu ne s'effiloche. Des épaulettes servaient pour reposer le râteau, et des gouttières pour que l'eau ne coule pas le long des manches, ainsi qu'une capuche.

Vendredi 27 — Émeline — ☼ 8h20 — 18h42

Samedi 28 — Jude — ☼ 8h21 — 18h40

Dimanche 29 — Narcisse — ☼ 7h22 — 17h39

Jeux & sports

Le gouren

C'est la lutte bretonne dont les origines sont attestées dès le Moyen Âge. D'Héritage celtique, elle se joue uniquement debout et à la ceinture, le combat ne se poursuit pas au sol. Le vainqueur du tournoi gagne un « mazout », un bélier, et par tradition fait le tour de la lice avec le bélier sur les épaules.

ARCHITECTURE

Le pont de Rohan à Landerneau

Seuls 3 ponts habités sont recensés en France : Narbonne, Pont-l'Abbé et Landerneau. Le pont de Rohan est situé au centre de Landerneau, dans le Finistère, au-dessus de l'Élorn. Il a l'originalité de subir la marée et de séparer l'eau douce de l'eau saumâtre. Au départ, c'était un gué puis à partir du XIIe siècle, un pont en bois. En 1510, Jean II, vicomte de Rohan, le fait construire. Il mesure 67 m de long, c'est également la frontière entre l'évêché du Léon et celui de Cornouaille. Un dicton dit : « Quand je suis sur le pont de Rohan, j'ai un pied en Léon et l'autre en Cornouaille. » Jusqu'en 1930 et la construction du pont Albert-Louppe entre Plougastel et Brest, il fut l'unique moyen de traverser l'Élorn.

Météo

	L	M	M	J	V	S	D

NOTES ....

DRAPEAU FOU !

On ne sait pas qui s'est permis de maltraiter le drapeau breton, mais c'est un vrai scandale ! Le seul juste et vrai qui n'a pas été touché c'est... Lequel, d'après vous ?

3

4

5

Lundi 30	Mardi 31	Mercredi 1er	Jeudi 2
Bienvenue ☼ 7h24 17h37	Quentin ☼ 7h25 17h36	Toussaint ☼ 7h27 17h34	Défunts ☼ 7h28 17h33

Personnage

Les Bonnets rouges

La Bretagne a connu deux révoltes des Bonnets rouges ! La révolte de 1675 est un mouvement de protestation contre les nouveaux impôts exigés par le roi Louis XIV : taxe sur le papier timbré et taxe sur les objets en étain. Les révoltés de la région de Carhaix étaient reconnaissables à leur bonnet rouge. La répression fut terrible et la Bretagne perdit alors l'autonomie qu'elle avait conservée depuis son rattachement à la France en 1532. Le second mouvement des Bonnets rouges est plus récent, il a eu lieu en 2013 pour protester contre l'écotaxe et les nombreux plans sociaux de l'agroalimentaire. Ce mouvement a amené le Premier ministre à annoncer en moins de deux mois, une réforme fiscale et un « Pacte d'avenir pour la Bretagne ».

Patrimoine

Le *fest-noz*

Le 5 décembre 2012, le *fest-noz* est inscrit sur la liste du patrimoine culturel immatériel de l'humanité par l'Unesco après avoir été inscrit à l'Inventaire du patrimoine culturel immatériel en France. Mais qu'est-ce donc ? Cela a commencé dans les années 1950 en Haute-Cornouaille, le centre de la Basse-Bretagne. Le but était de recréer les rassemblements festifs de la société paysanne, qui ponctuaient les journées de travaux collectifs, et qui ont disparu dans les années 1930. Loeiz Roparz est l'initiateur de cette renaissance. Au cours des années 1970, grâce au mouvement folk et à Alan Stivell, les *festoù-noz* ne se cantonnent plus au centre de la Bretagne. Beaucoup de jeunes découvrent la musique et la danse bretonne, le *fest-noz* devient une manifestation urbaine. Le phénomène est désormais d'une grande ampleur, on compte plusieurs centaines de *festoù-noz* organisés chaque année un peu partout en France. C'est un moment festif basé sur la pratique collective des danses, accompagnées au chant ou aux instruments traditionnels. C'est aussi un moment de convivialité entre chanteurs, musiciens et danseurs, une importante mixité sociale, intergénérationnelle et une ouverture aux autres. Le *fest-noz* est aujourd'hui un intense bouillonnement d'expériences musicales et génère une véritable économie culturelle.

Vendredi 3 — Hubert — ☼ 7h29 / 17h31

Samedi 4 — Charles — ☼ 7h31 / 17h30

Dimanche 5 — Sylvie — ☼ 7h32 / 17h29

Gastronomie

La bardatte

C'est une spécialité des environs de Nantes. Ce plat traditionnel de fin des moissons était constitué d'un chou entier farci de chair de lapin ou de lièvre garnie de fines herbes. Il doit son nom à la barde dont on l'entoure avant de le mettre en terrine, mouillé de bouillon et cuit lentement au four pendant 2 heures. La bardatte se dégustait entourée de marrons étuvés et de cailles rôties.

Météo

	L	M	M	J	V	S	D

ARCHITECTURE

Les mascarons nantais

Ce sont des visages sculptés dans la pierre, éléments décoratifs liés au commerce colonial, qui se retrouvent beaucoup dans l'architecture nantaise, notamment sur les façades du quartier de l'Île-Feydeau.

NOTES ....

Novembre

Lundi	6	Mardi	7	Mercredi	8	Jeudi	9
Léonard	☼ 7h34 / 17h27	Carine	☼ 7h35 / 17h26	Geoffroy	☼ 7h37 / 17h25	Théodore	☼ 7h38 / 17h23

LÉGENDES

Les roches du Saut-Roland

À 11 km au sud de Fougères, le ruisseau Saint-Blaise coule parmi les chaos de pierres lissées par le courant, dans une vallée sauvage à la végétation dense, et des falaises abruptes de quartz. Au fond de la vallée plane l'ombre du chevalier Roland le Preux. Le neveu de Charlemagne, préfet des Marches de Bretagne, s'en revenait sur ses terres après avoir guerroyé contre les Sarrazins. Il était à cheval, sautant d'une pierre à l'autre. Le cavalier dédia ses deux premiers sauts à Dieu et à la Vierge, sans problème. Le troisième saut, dédié à sa dame, lui fut fatal : Roland chuta au fond du ravin ! Il y a 150 ans, le site du Saut-Roland était exploité pour la qualité de ses roches composées de quartzite, que l'on utilisait pour la construction et l'entretien des routes.

Personnage

Jacques Cartier

C'est un navigateur français, né en 1491 et mort en 1557 à Saint-Malo. Au service du roi de France, François Ier, qui le charge de découvrir de nouveaux territoires riches en or et en minerais, il atteint le golfe du Saint-Laurent en 1534 et explore le territoire alentour qu'il va nommer Canada, mot iroquois signifiant « village ». Il effectue un second voyage en 1535-1536 et un troisième en 1541-1542. Jacques Cartier est le premier Européen à décrire et nommer ces eaux, leurs rives et leurs habitants.

Qui suis-je ?

Je suis d'origine bretonne : mes grands-parents vivaient à Plouénan dans le Nord-Finistère. J'ai remporté le César de la meilleure actrice en 1980 pour le film La Dérobade. *Je m'appelle en réalité Sylvette Herry mais ce n'est pas mon nom de scène !*

Miou-Miou

Vendredi 10 — Léon — ☼ 7h39 — 17h22

Samedi 11 — Armistice 1918 — ☼ 7h41 — 17h21

Dimanche 12 — Christian — ☼ 7h42 — 17h20

GÉOGRAPHIE

Le Mont-Saint-Michel

La merveille de l'Occident fut bretonne à un moment de son histoire et, comme le dit le dicton : « C'est le Couesnon qui, dans sa folie, a mis le mont en Normandie. » Et aussi : « Quand le Couesnon retrouvera sa raison, le mont redeviendra breton ! » Ce à quoi les Normands répondent : « Quand Couesnon se change par folie, le Mont ne perd d'estre en Normandie. » Sur la frontière, Normands et Bretons s'affrontent en se lançant des proverbes ! Mais peu importe, les Bretons ont leur *Menez Mikael*, le Mont-Saint-Michel de Brasparts, dans les monts d'Arrée. Il culmine à 381 m et se situe sur la commune de Saint-Rivoal. Au sommet, on peut découvrir un magnifique point de vue de 360° sur les monts d'Arrée, les tourbières du Yeun Ellez, le lac de Brennilis, le bassin de Châteaulin et, par beau temps, on peut aussi apercevoir la rade de Brest et la baie de Morlaix. Au sommet est érigée une chapelle dédiée à l'archange saint Michel.

ARCHITECTURE

Le château de Lanniron

Situé au bord de l'Odet, rivière qui arrose Quimper, en Finistère, il est un endroit magique : le château de Lanniron. Il fut construit au XVe siècle par Bertrand de Rosmadec, évêque de Cornouaille. Sa grande terrasse et un escalier monumental vous mènent au bord de l'eau, dans une atmosphère digne d'un film où on penserait que Sissi en personne va sortir du palais. Des jardins en terrasse sont contemporains de ceux créés à Versailles, leur ancienneté en fait un rare exemple dans l'ouest de la France. Vous êtes dans ce qui était la résidence d'été des évêques de Cornouaille, la résidence d'hiver se situant *intra-muros*, au pied de la cathédrale où est aujourd'hui installé le Musée départemental breton.

Météo

	L	M	M	J	V	S	D

NOTES ....

Novembre

Lundi 13
Brice
7h44
17h19

Mardi 14
Sidoine
7h45
17h18

Mercredi 15
Albert
7h46
17h16

Jeudi 16
Marguerite
7h48
17h15

Le brachiosaure de Malansac

Non, vous ne rêvez pas : vous voilà plongé dans l'univers des dinosaures ! Le parc de Préhistoire de Bretagne s'étend sur un domaine préservé et boisé situé à Malansac, à 2 km de la petite cité médiévale de Rochefort-en-Terre. Ouvert depuis le 30 juillet 1988, le parc nous ramène, grâce à des scènes « grandeur nature », dans le monde géologique des dinosaures et le monde préhistorique. Un brachiosaure de 23 mètres apparaît au détour d'un virage et, grâce au parcours balisé, vous découvrez l'univers des autres mammifères, tricératops et diplodocus, des scènes de combat, ainsi que des reconstitutions de la vie au temps des hommes de Cro-Magnon.

ARCHITECTURE

Chapelle Sainte-Barbe Le Faouët

Des escaliers de pierre à balustres mènent à la chapelle Sainte-Barbe, datée du XVe siècle, surprenante par l'exiguïté de son emplacement. Construite sur la roche, elle domine la vallée de l'Ellé. Un sentier descend à la fontaine et à la rivière. En arrivant sur le site de la chapelle, on découvre le campanile abritant une cloche ayant pour vertu d'éloigner la foudre. Les marches d'un escalier monumental mènent à l'oratoire Saint-Michel puis à la chapelle. À l'intérieur, on remarque, comme dans l'église Notre-Dame à Kernascléden, une voûte en pierre sur croisées d'ogives, une exception pour l'époque où presque toutes les voûtes étaient en bois.

Un sentier mène à la fontaine de dévotion. Celle-ci, datant de 1708, est aménagée dans un enclos carré à banc intérieur. Une niche abrite une statue de Sainte-Barbe. Selon la légende, les jeunes filles célibataires y jetaient une épingle à tête ronde en tâchant d'atteindre l'orifice percé dans le bassin de la fontaine pour savoir si elles se marieraient dans l'année.

Vendredi 17
Élisabeth
☼ 7h49 — 17h14

Samedi 18
Aude
☼ 7h51 — 17h13

Dimanche 19
Tanguy
☼ 7h52 — 17h13

Gastronomie

Le berlingot nantais et les rigolettes nantaises

Le berlingot est la confiserie emblématique de Nantes depuis le début du XIXe siècle. Le sucre, appelé « l'or blanc » avait débarqué à Nantes des Antilles. Le berlingot est en forme de tétraèdre et a 7 parfums. En 1902, Charles Bohu a l'idée de commercialiser une confiserie plus tendre que le berlingot : la rigolette, une coque de sucre cuit renfermant une marmelade de fruit.

Patrimoine

L'École de Pont-Aven

Ce n'est pas une école traditionnelle où l'on étudie le français, les mathématiques. Non, c'est un mouvement artistique pictural ! Pont-Aven est également appelée la cité des peintres car de nombreux peintres y ont séjourné au XIXe siècle. Alors que l'arrivée des chemins de fer permet de découvrir les villes et villages de Bretagne, de célèbres peintres tels que Paul Gauguin, Émile Bernard ou Paul Sérusier tombent sous le charme de Pont-Aven, de sa lumière et de ses couleurs. L'École de Pont-Aven regroupe sous une même étiquette des artistes très différents et des styles de peinture très variés.

Météo

	L	M	M	J	V	S	D

NOTES ....

Novembre

Lundi 20	Mardi 21	Mercredi 22	Jeudi 23
Edmond	Prés. de Marie	Cécile	Clément
☼ 7h53 / 17h12	☼ 7h55 / 17h11	☼ 7h56 / 17h10	☼ 7h57 / 17h09

GÉOGRAPHIE

La pointe du Raz

La pointe du Raz est un site internationalement connu, et le raz, en breton, c'est le détroit, à ne pas confondre avec le rat ! La pointe du Raz est la partie la plus avancée du cap Sizun, à l'ouest de Plogoff, face au célèbre raz de Sein, bien connu des marins, avec le phare de la Vieille et celui de Tévennec. La pointe du Raz est un site remarquable qui a obtenu en 2004 le label Grand Site de France ; elle s'élève à 70 mètres de hauteur et domine le raz de Sein. Elle se prolonge par la chaussée de Sein dont le point le plus élevé est l'île de Sein et le point ultime est le phare d'Armen, surnommé l'enfer des enfers, le plus éloigné des côtes françaises.

Patrimoine

La chaîne de vie

Est-ce une association caritative pour les pays dans le besoin ? Pas du tout, la chaîne de vie, *chadenn ar vuhez* en breton, c'est le nom d'un point de broderie, la chaînette, utilisé sur les costumes traditionnels, symbole de la vie qui passe. On la retrouve aussi dans les bouquets des costumes féminins, surtout au XXe siècle.

Personnage

Le blaireau

Dans les années 1970, les coureurs cyclistes avaient tous un surnom. Eddy Merckx était le Cannibale, Bahamontes, l'aigle de Tolède, Marco Pantani, le Pirate, Fabian Cancellara, Spartacus, etc. Bernard Hinault, célèbre coureur né en 1954 à Yffiniac dans les Côtes-d'Armor, était le Blaireau, un animal auquel il ressemble, c'est lui qui le dit, un agressif qui, quand il est chassé, rentre dans son trou, et quand il en sort, mord. Hinault était de la même trempe. Quand ça n'allait pas il rentrait chez lui, se préparait physiquement et mentalement, et quand il sortait, c'était pour gagner !

Vendredi 24	Samedi 25	Dimanche 26
Flora	Catherine	Delphine
☼ 7h59 / 17h08	☼ 8h00 / 17h08	☼ 8h01 / 17h07

Qui suis-je ?

Je suis très prisée des connaisseurs, on me déguste crue ou cuite, j'ai un goût d'iode et de sel, avec un arrière-goût de noisette. Je suis cultivée en eau profonde, je fais la renommée gastronomique de Cancale.

L'huître de Cancale

ARCHITECTURE

Les landes de Cojoux

Moins connu que Carnac, le site de Saint-Just dans la lande de Cojoux en pays de Redon est pourtant le deuxième site mégalithique de Bretagne. On y trouve les plus grands menhirs européens. Nos lointains ancêtres se sont installés sur ces landes entre 4500 et 1500 avant notre ère pour constituer un ensemble de monuments mégalithiques unique en Europe, une sorte de ville enchantée où on peut se promener entre dolmens, menhirs, cromlec'h et carrière de menhirs. C'était un espace sacré sur lequel les hommes néolithiques sont restés pendant plusieurs millénaires.

Météo

	L	M	M	J	V	S	D

NOTES ....

....

....

....

....

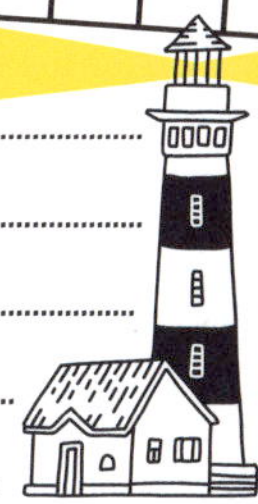

MOTS MÊLÉS

Retrouvez les 38 mots en rapport avec la religion et les églises qui sont cachés dans la grille ci-dessous.
Ils peuvent être écrits à l'endroit ou à l'envers, à l'horizontale, à la verticale ou en oblique, et la même lettre peut servir à plusieurs mots.
Une fois tous les mots trouvés, les lettres restantes formeront le nom de la sainte patronne de la région.

Liste de mots

abbaye • abside • âme • arc • aube • autel • ave • banc • bible • bois • calice • chaire • colonne • complies • culte • dieu • dôme • étole • évêque • foi • jubé • lutrin • messe • miracle • moine • nef • none • orgue • porche • roman • rosace • saint • sexte • statue • tierce • tombe • triforium • voûte

S	A	M	M	I	R	A	C	L	E	R	I	C
I	L	U	E	N	M	U	C	H	Y	O	O	R
E	U	I	S	E	L	O	C	F	A	S	F	A
E	T	R	S	T	M	R	T	E	B	A	N	C
U	R	O	E	P	O	G	L	N	B	C	A	O
T	I	F	L	P	A	U	E	O	A	E	M	L
A	N	I	E	E	V	E	T	N	C	C	O	O
T	E	R	E	V	E	Q	U	E	H	I	R	N
S	C	T	B	B	N	E	A	A	A	L	V	N
A	R	A	M	N	I	D	T	B	I	A	O	E
I	E	U	O	D	O	B	O	X	R	C	U	B
N	I	B	T	N	M	I	L	M	E	E	T	U
T	T	E	A	B	S	I	D	E	E	S	E	J

LES VILLES DE LOIRE-ATLANTIQUE

Remplissez la grille en vous basant sur les définitions ci-dessous.
Attention : dans la grille, il n'y a ni tiret ni apostrophe, tous les noms sont écrits d'un seul tenant !

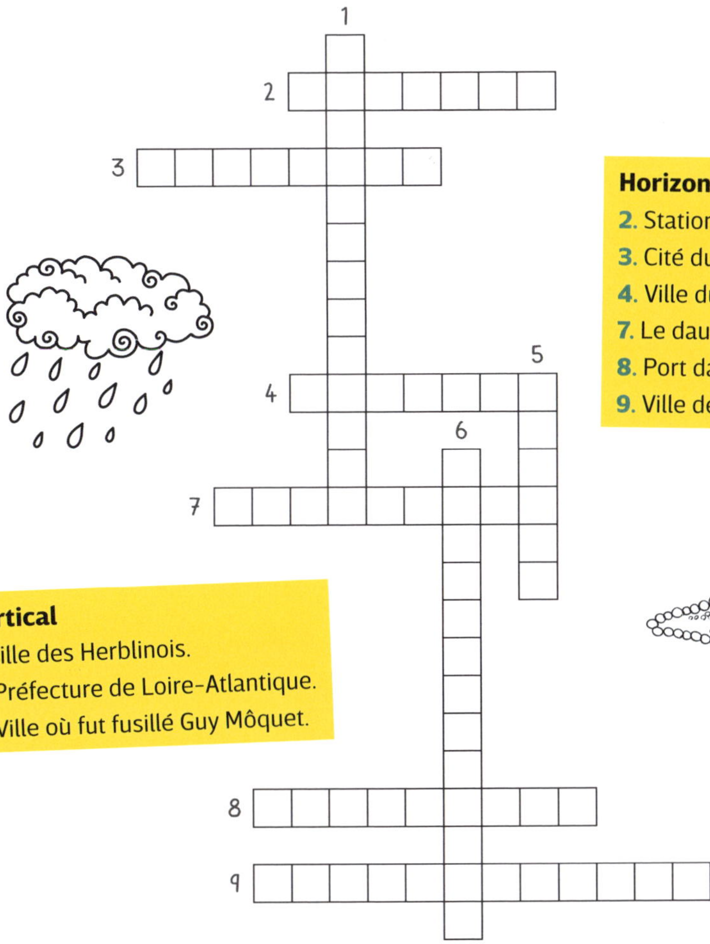

Horizontal

2. Station balnéaire.
3. Cité du sel.
4. Ville du Hellfest.
7. Le dauphin est son emblème.
8. Port dans le pays guérandais.
9. Ville des chantiers navals.

Vertical

1. Ville des Herblinois.
5. Préfecture de Loire-Atlantique.
6. Ville où fut fusillé Guy Môquet.

Lundi 27	Mardi 28	Mercredi 29	Jeudi 30
Avent ☼ 8h02 ☾ 17h07	Jacq. de la M. ☼ 8h04 ☾ 17h06	Saturnin ☼ 8h05 ☾ 17h05	André ☼ 8h06 ☾ 17h05

GÉOGRAPHIE

Bréhat

De la pointe de l'Arcouest à Paimpol, on a une belle vue sur une des plus belles îles de Bretagne. L'archipel de Bréhat est constitué de 2 îles principales et d'îlots et récifs. Longue de 3,5 km et large de 1,5 km, elle se visite à pied ou à vélo. Bréhat fut le premier site naturel classé en France en juillet 1907 au titre des « sites et monuments remarquables naturels de caractéristiques artistiques » ! Bréhat est également appelée l'île aux fleurs car de nombreuses variétés de fleurs la colorent : des plantes exotiques comme l'agave ou l'echium ; des fleurs comme l'hortensia, le mimosa, le mûrier, l'eucalyptus, l'aloès ou le camélia... Mais c'est l'agapanthe, bleu-mauve, ramenée d'Afrique du Sud par des marins, qui fleurit d'avril à septembre la fleur qui symbolise le plus Bréhat.

ARCHITECTURE

Les malouinières

Les malouinières sont de très belles demeures de villégiature construites aux XVIIe et XVIIIe siècles (entre 1650 et 1730) par les riches marchands et armateurs de Saint-Malo, d'où leur nom. On en compte actuellement 112 dans un rayon de 15 km autour de Saint-Malo. Ces demeures à l'architecture symétrique sont la plupart du temps entourées d'un jardin à la française.

Vendredi 1er — Florence — ☼ 8h07 / 17h05

Samedi 2 — Viviane — ☼ 8h08 / 17h04

Dimanche 3 — François-Xavier — ☼ 8h10 / 17h04

Personnage

Saint Maclou

À l'évocation de saint Maclou, on pense tapis et revêtements de sol, sans savoir que c'est aussi le nom d'un des sept saints fondateurs de la Bretagne, à qui la ville de Saint-Malo doit son nom. Il serait né au VIe siècle au pays de Galles, et serait mort à Archingeay en Saintonge entre 612 et 627. Il a été le premier évêque d'Aleth, actuellement Saint-Servan, ancienne commune aujourd'hui annexée à Saint-Malo. La ville de Saint-Malo est une étape du pèlerinage médiéval des sept saints de Bretagne appelé *Tro Breiz*, Tour de Bretagne.

Gastronomie

Les craquelins

Considérés comme des gourmandises, les échaudés, car c'est ainsi qu'on les appelait autrefois, étaient très prisés au Moyen Âge. La composition de base des échaudés est très simple : eau, farine et œufs auxquels on peut ajouter de la levure, du sel, du beurre ou du sucre. La fabrication fait appel, avant la cuisson au four, à une phase de trempage dans une eau bouillante, l'échaudage. Le craquelin de La Rance est l'échaudé qui subit la plus forte expansion. Il a cette forme concave caractéristique car il a plus cuit sur les bords pendant l'échaudage. C'est une pâtisserie très sèche qui est faite en forme d'écuelle et qui craque sous les dents quand on la mange. Aux XIXe et XXe siècles, une forte présence de craqueliniers se retrouve autour de la vallée de La Rance. Ils vendaient les craquelins sur les étalages dans les rues, les gâteaux étaient entassés dans de grandes hottes qui pouvaient en contenir au moins 2 000 !

Météo

	L	M	M	J	V	S	D

Patrimoine

Poche molle !

En breton, on dit *poch flek* ou *poch flak*. Une insulte régionale ? Non, juste la forme d'un bonnet arrondi sur l'arrière de la tête que portent certaines femmes en pays bigouden, autour de Kérity Penmarc'h. D'où vient ce surnom : jalousie des Bigoudènes à haute mitre de dentelle ? moquerie ? Allez savoir...

NOTES ....

Lundi 4	Mardi 5	Mercredi 6	Jeudi 7
Barbara	Gérald	Nicolas	Ambroise
☼ 8h11	☼ 8h12	☼ 8h13	☼ 8h14
17h03	17h03	17h03	17h03

Bien de chez nous !

Invention du Minitel

C'est une équipe du CCETT (Centre commun d'études de télévision et de télécommunications) de Rennes sous la direction de Bernard Marti qui a donné naissance au Minitel à la fin des années 1970 ! Il a été commercialement exploité en France entre 1980 et 2012.

LÉGENDES

La forêt magique

Paimpont est une commune située en Ille-et-Vilaine, couverte par la forêt du même nom. C'est aussi le plus grand massif forestier de Bretagne avec ses 11 000 hectares. Cette forêt, on la connaît mieux sous le doux nom de Brocéliande, la forêt légendaire. Chrétien de Troyes, à la fin du XIIe siècle, l'a imaginé en s'inspirant de son ancien nom Brechéliant. Et là, on se prend à rêver de Morgane, de la dame du lac, de Viviane, de Lancelot du Lac, de l'enchanteur Merlin, du roi Arthur, de la fontaine de Barenton et du Val sans retour… Nous plongeons dans la légende arthurienne !

Pourquoi la côte de Granit-Rose ?

La côte de Granit-Rose vous emmène de Trébeurden à l'ouest à Perros-Guirec à l'est, le long de la Manche, dans les côtes d'Armor. Pourquoi le granit est-il rose ? Il est constitué de trois minéraux : le quartz, le feldspath et le mica. À la différence des autres granits bretons, le granit rose doit sa couleur à la présence de gros cristaux de feldspath colorés par des oxydes de fer. L'érosion a sculpté ces énormes roches qu'on s'amuse à identifier à des personnages ou à des animaux.

Vendredi 8 — Imm. Conception — ☼ 8h15 — 17h03

Samedi 9 — Pierre Fourier — ☼ 8h16 — 17h03

Dimanche 10 — Romaric — ☼ 8h17 — 17h03

Gastronomie

Le muscadet

Le vignoble du pays nantais est situé sur la rive gauche de la Loire, de l'estuaire du fleuve à la ville d'Ancenis et sur la rive droite à partir de Nantes. C'est le pays du muscadet et du gros plant. La composition du sol et du sous-sol, la proximité de l'océan, du fleuve et d'une zone humide donne des vins de caractère très différents, principalement des vins blancs secs d'appellation muscadet et gros plant. Le muscadet est un vin blanc dont la production déborde partiellement sur le Maine-et-Loire et la Vendée. Ce vin du vignoble de la vallée de la Loire est issu d'un cépage unique, le melon de Bourgogne. C'est est un vin sec aux arômes floraux et fruités qui peut être élevé sur lie, d'où il tire une légère effervescence dite « perlante ». La lie est un dépôt constitué de levures mortes, qui se forme et repose au fond des cuves ou des fûts après la fermentation alcoolique. Un peu de gaz carbonique restant dans les cuves se dissout dans le vin, ce qui le rend perlant, légèrement effervescent. Le dicton dit : « Quand un Muscadet repose sur sa lie, il y est aussi à l'aise que dans son lit ! »

ARCHITECTURE

Une des plus vieilles maisons de Bretagne

Après des mois, des indices et des analyses, le dendrochronologue Yannick Le Digol a remonté le temps pour arriver à une conclusion : la plus ancienne maison à pans de bois bretonne, parmi celles identifiées et datées, se situe à Quimperlé. Elle a été construite entre 1394 et 1409. La maison est située place Saint-Michel, à Quimperlé dans le Finistère. Elle a été datée comme étant la plus ancienne à ce jour en Bretagne, et serait la dixième en France. Tous les Quimperlois la connaissent car elle a accueilli une crêperie pendant longtemps. Sa construction se serait étalé entre 1394 et 1409.

Météo

	L	M	M	J	V	S	D

NOTES ....

Décembre

Lundi 11	Mardi 12	Mercredi 13	Jeudi 14
Daniel	Corentin	Lucie	Odile
☼ 8h18 / 17h03	☼ 8h19 / 17h03	☼ 8h20 / 17h03	☼ 8h20 / 17h03

GÉOGRAPHIE

Allons dans les bois !

Le bourg de Runan, entre Guingamp et Tréguier, a une particularité qui le rend unique en Bretagne. Ici, en plein milieu du bourg, pas de parking ni de parterres de fleurs, mais un bois constitué d'une bonne quarantaine d'arbres, des châtaigniers et un frêne ! Ce petit bois fait face à l'église et à l'enclos paroissial. Tout autour de ce massif de châtaigniers, des maisons en pierre typiques de la région. Mais au fait, pourquoi ce bois au beau milieu du bourg ? Jusqu'à la fin du XIXe siècle, la place accueillait des foires aux bestiaux. Elle servait aussi d'aire à battage pour deux fermes. Quand, avec le temps, cela a disparu, les habitants ont décidé de planter des châtaigniers à la place !

Qui suis-je ?

Je suis sûrement le mot breton le plus connu en Bretagne, et même en France. Je suis utilisé pour prendre congé.

Kénavo

LÉGENDES

Bécherel

Bécherel, située en Ille-et-Vilaine, entre Rennes et Saint-Malo, n'a rien à voir avec le Bescherelle, l'ouvrage dédié à la grammaire et à la langue française. C'est, depuis 1989, la première cité du Livre en France et la troisième en Europe. C'est aussi depuis 1978 une petite cité de caractère de Bretagne. Chaque week-end de Pâques, depuis plus de 30 ans, a lieu une fête du livre avec des expositions, un marché du livre, des rencontres avec des auteurs, des ateliers, spectacles, etc. Et chaque été, au début du mois d'août, est organisée la Nuit du livre de Bécherel. Chaque premier dimanche du mois, sauf en janvier et février, un marché du livre anime la petite cité, une journée pendant laquelle bouquinistes et libraires ambulants s'installent sur la place des Halles. Dans les anciennes maisons de tisserands, qui témoignent du passé de la ville, une quinzaine de librairies et d'ateliers d'art sont installés et accueillent les amateurs de livres anciens, de livres de poche, de bandes dessinées, de livres d'occasion, de calligraphie, de reliure. Près de 400 000 livres vous attendent à Bécherel. Toute l'année, les artistes du village proposent des stages et ateliers pour s'initier ou se perfectionner à la calligraphie, à la reliure, à la bibliophilie.

Vendredi 15	Samedi 16	Dimanche 17
Ninon	Alice	Gaël
☼ 8h21 / 17h03	☼ 8h22 / 17h03	☼ 8h23 / 17h04

Bien de chez nous !

Le lac de Guerlédan, histoire d'un monde englouti

Entre 1923 et 1930, un barrage hydroélectrique est édifié sur le Blavet. C'est le premier barrage construit en béton en France. D'une superficie de 304 ha, il mesure 12 km de long et est profond de 45 m. C'est le plus grand lac artificiel de Bretagne. Jusqu'à il y a peu, lors de l'assec du lac qui avait lieu tous les 15 ans et qui attirait des milliers de personnes, on pouvait voir un village intact et les 17 écluses englouties.

ARCHITECTURE

Les maisons penchées de Rennes

La place du Champ-Jacquet se situe à la limite de la première enceinte antique et de la deuxième enceinte médiévale de Rennes, en Ille-et-Vilaine. Construites au XVIIe siècle, ces maisons en bois étaient à l'origine appuyées sur le rempart du XVe qui ceinturait la ville. Mais après le percement de la rue Leperdit en 1828, elles se sont progressivement mises à pencher ! Le réaménagement des intérieurs a également donné de la gîte à l'ensemble.

Météo

L	M	M	J	V	S	D

NOTES..

Lundi 18
Gatien — 8h23 / 17h04

Mardi 19
Urbain — 8h24 / 17h04

Mercredi 20
Théophile — 8h24 / 17h05

Jeudi 21
Pierre C. — 8h25 / 17h05

Patrimoine

Le granit de Kersanton

Cette pierre, que l'on rencontre souvent sur les monuments bretons, les calvaires (200 pièces parfois pour les plus imposants) et les statues, est voisine du granit. Par exemple, les statues du très beau calvaire de Plougastel-Daoulas sont faites avec ce matériau. On parle ici de la kersantite, pierre que l'on extrait, entres autres, des carrières de Kersanton, non loin de la rade de Brest, d'où son nom. Cette pierre foncée intéresse les sculpteurs : elle a un grain très fin qui permet un travail précis et elle vieillit très bien, ce qui est un bon atout.

Bien de chez nous !

Et si on allait faire un tour à Sainte-Hélène… en Bretagne !

Napoléon Ier vous en parlerait en long, en large et en travers, de son île, lui qui y est resté en exil d'octobre 1815 à sa mort, en 1821. Mais nous n'allons pas si loin ! Et restons sur la terre ferme car Sainte-Hélène, c'est aussi une commune du sud du Morbihan, au bord de la ria d'Étel, à une dizaine de kilomètres de Lorient !

ARCHITECTURE

Statue d'Hitchcock

Du haut de ses 5 m (2,70 m de statue, le reste en socle), la statue d'Alfred Hitchcock domine l'entrée de la plage de l'Écluse à Dinard. Oui, il s'agit bien de lui ! Pourquoi ? Tout simplement parce que le réalisateur de *Sueurs froides*, *La Mort aux trousses* et bien sûr *Psychose* est le symbole du film britannique. Et le festival du film britannique se tient à Dinard tous les ans en octobre ! Les récompenses attribuées aux lauréats sont des statuettes représentant Hitchcock et ses oiseaux. Même s'il n'est jamais venu à Dinard, on peut ressentir l'atmosphère renfermée et sombre de ses films dans certaines villas en hauteur au-dessus de la plage. Lionel Duclos a représenté Hitchcock cravate au vent, dialoguant avec un des oiseaux typiques de ses films, perchés sur son épaule.

Vendredi 22 — Hiver — ☼ 8h26 / 17h06

Samedi 23 — Armand — ☼ 8h26 / 17h06

Dimanche 24 — Adèle — ☼ 8h26 / 17h07

Cité médiévale de Dinan

Dinan, ville médiévale fortifiée construite sur la colline, surplombe La Rance. C'est une ville d'art et d'histoire, célèbre pour ses ruelles pavées bordées de maisons à colombage colorées, son château, résidence princière de la fin de l'époque médiévale, construit pour rivaliser avec celui de Vincennes, résidence du roi de France Charles V. 3 km de remparts entourent la vieille ville où est encore présent le souvenir du connétable Bertrand Duguesclin, l'enfant du pays qui, pendant la guerre de Cent Ans, a libéré tour à tour la Normandie et la Bretagne. Son cœur repose dans la basilique Saint-Sauveur. Mais c'est Anne de Bretagne qui a rendu la ville célèbre en décidant de s'y retirer après la mort de son mari le roi Charles VIII.

Qui suis-je?

Je suis un symbole très connu que l'on trouvait déjà sur les armes et les bijoux celtes, au néolithique. Mon nom est breton et se traduit par « trois ailes ». Je représente trois éléments qui règnent sur la terre: l'eau, l'air et le feu.

Le triskell

Météo

	L	M	M	J	V	S	D

NOTES ....

Lundi 25 — Noël — ☼ 8h27 — 17h07

Mardi 26 — Étienne — ☼ 8h27 — 17h08

Mercredi 27 — Jean — ☼ 8h27 — 17h09

Jeudi 28 — Innocents — ☼ 8h28 — 17h09

LÉGENDES

Noël chez les Celtes

Les peuples celtes ne fêtaient pas Noël au sens où on l'entend aujourd'hui. Mais ils fêtaient le solstice d'hiver, à peu près à la même période, et leurs traditions ont été pour ainsi dire assimilées à celles de la fête chrétienne. Parmi ces traditions, dont toutes ne sont pas parvenues jusqu'à nous, l'une était de décorer un épicéa, un « arbre de vie », symbole de renaissance au soleil, avec des fruits et des épis de blé. Nombreux sont encore les gens qui, à cette période, se réunissent sur un site celte sacré pour célébrer les levers du Soleil. En Bretagne plus précisément, des légendes subsistent sur la nuit de Noël, pendant laquelle ni les korrigans, ni les esprits mauvais, ni l'Ankou ne peuvent sortir. Du coup, ceux qui n'ont pas suivi la procession pour aller à la messe, ne craignant plus rien, sont chargés d'aller disposer des couronnes de paille pour protéger les arbres fruitiers et les récoltes. On dit que l'on peut entendre cette nuit-là les cloches des villes englouties, et que les pierres levées se déplacent pour aller boire, ce qui laisserait parfois apparaître des trésors…

Personnage

Louis Jouvet

Acteur et metteur en scène français (1887-1951), Louis Jouvet est né le 24 décembre 1887 à Crozon dans le Finistère. C'est un comédien, metteur en scène et directeur de théâtre français, professeur au Conservatoire national supérieur d'art dramatique.

Au cinéma, Jules Eugène Louis Jouvet joue dans trente-deux films, dont plusieurs chefs-d'œuvre passés à la postérité : *Quai des Orfèvres* d'Henri-Georges Clouzot, *Hôtel du Nord*, aux côtés d'Arletty, et *Drôle de drame*, dans lequel il donne à Michel Simon la réplique devenue célèbre : « Moi, j'ai dit : "Bizarre, bizarre" ? Comme c'est étrange… […] Moi, j'ai dit : "Bizarre ?", Comme c'est bizarre. ». *Knock ou le Triomphe de la médecine* est porté à l'écran par l'acteur lui-même.

Vendredi 29 — David — ☼ 8h28 — 17h10

Samedi 30 — Roger — ☼ 8h28 — 17h11

Dimanche 31 — Sylvestre — ☼ 8h28 — 17h12

Qui suis-je ?

Je suis un Saint né à Vannes et décédé vers 767. Je fus intendant du comte de Vannes. Je suis fêté le 16 novembre et je suis le Saint patron des marchands et négociants en vin. Je me suis installé dans une grotte au cœur d'une région où on cultivait déjà la vigne et dont les crus allaient devenir célèbres. Je fis jaillir une source grâce à laquelle je réalisais mes miracles. Cette source existe toujours. Un des plus grands vins du monde et un pittoresque village du Bordelais portent mon nom, mais n'oubliez pas que je suis Breton !

Saint-Émilion

Jeux & sports

La galoche

Jeu de palet pratiqué depuis des siècles dans le pays bigouden. Ce jeu consiste à renverser à l'aide de pierres plates ou de galets à l'origine, des palets en fer plats et ronds aujourd'hui, un morceau de bois cylindrique, la galoche, placé sur le sol.

Gastronomie

La cotriade

La cotriade est aux Bretons ce que la bouillabaisse est aux Méridionaux : un plat traditionnel et populaire élaboré avec les espèces de poissons locales. Du mot breton *kaoteriad* : le contenu d'une marmite.

Météo

	L	M	M	J	V	S	D

NOTES ....

....

....

....

....

SOLUTIONS DES JEUX

PAGE 16

Benjamin – jeudi – Audierne
Marjorie – vendredi – Vannes
Nadine – lundi – Morlaix
Paul – mardi – Quimper

PAGE 17

Mot à trouver : Penmarc'h

PAGE 18

Les filles, grandes, belles, fraîches, ont la poitrine écrasée dans un gilet de drap qui forme cuirasse, les étreint, ne laissant même pas deviner leur gorge puissante et martyrisée. Et elles sont coiffées d'une étrange façon. Sur les tempes, deux plaques brodées en couleur encadrent le visage, serrent les cheveux qui tombent en nappe, puis remontent se tasser au sommet du crâne sous un singulier bonnet, tissu souvent d'or et d'argent.

PAGE 28

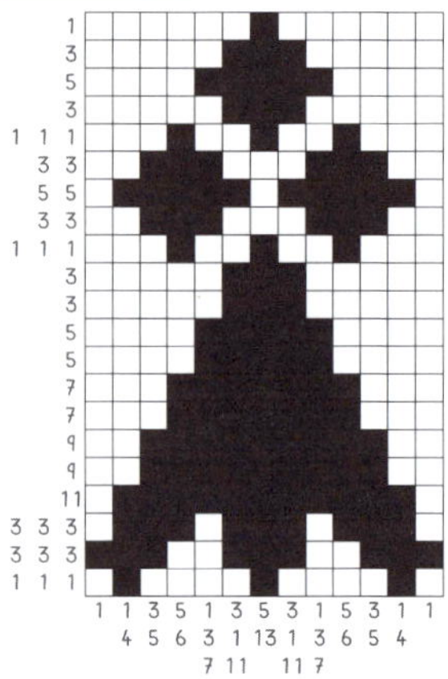

PAGE 29

Mot à trouver : Ploumanac'h

PAGE 38

J'allais devant moi, sur la route grise ferrée de granit, et luisante quand brille le soleil. La plaine des deux côtés est plate, semée d'ajoncs. De place en place, une grosse pierre couchée entretient dans la pensée le constant souvenir des druides ; et le vent qui souffle au ras de terre, siffle dans les buissons épineux. Parfois, un bruit sourd, comme un coup de canon lointain, fait frémir le sol ; car j'approche de Penmarch, où la mer s'enfonce, paraît-il, en des cavernes sonores. Les lames engouffrées en ces trous secouent la côte entière, se font entendre jusqu'à Quimper, par les jours de tempête.

PAGE 39

1 CROZON
2 PONTAVEN
3 CONCARNEAU
4 CHATEAULIN
5 CARHAIX
6 LESNEVEN
7 QUIMPER
8 LANDERNEAU
9 QUIMPERLE
10 DOUARNENEZ
11 MORLAIX
12 ROSCOFF
13 PLEYBEN
14 PONTLABBE
15 BREST

PAGE 48

Barbara – chèvre épinards – eau
Caroline – complète jambon – cidre
Daniel – complète saucisse – limonade
Emile – moules à la crème – bière

PAGE 49

Mot à trouver : Murin à moustaches

PAGE 50

Entre toutes les vieilles provinces de France, la Bretagne est une des plus curieuses ; on en peut, en dix jours, connaître assez pour en savoir le tempérament, car chaque pays, comme chaque homme, a le sien.
Traversons-la, en quelques lignes. Allons seulement de Vannes à Douarnenez, en suivant la côte, la vraie côte bretonne, solitaire et basse, semée d'écueils, où le flot gronde toujours et semble répondre aux sifflements du vent dans la lande.

PAGES 62-63

1. Guéhénno
2. Guimiliau
3. Saint-Thégonnec
4. Plougonven
5. Plougastel-Daoulas
6. Pleyben
7. Saint-Jean-Trolimon

PAGE 72

Armand – dimanche – Musée des Beaux-Arts
Louis – samedi – couvent des jacobins
Raphaël – Mardi – Cathédrale Saint-Pierre
Véronique – jeudi – Parlement de Bretagne

PAGE 73

Mot à trouver : Carnac

PAGE 74

À Locmariaker, j'entrai dans la patrie des druides. Un Breton me montra la table de César, un monstre de granit soulevé par des colosses ; puis il me parla de César comme d'un ancien qu'il aurait vu.
Enfin, suivant toujours la côte entre la lande et l'Océan, vers le soir, du sommet d'un tumulus, j'aperçus devant moi les champs de pierres de Carnac.

PAGE 75

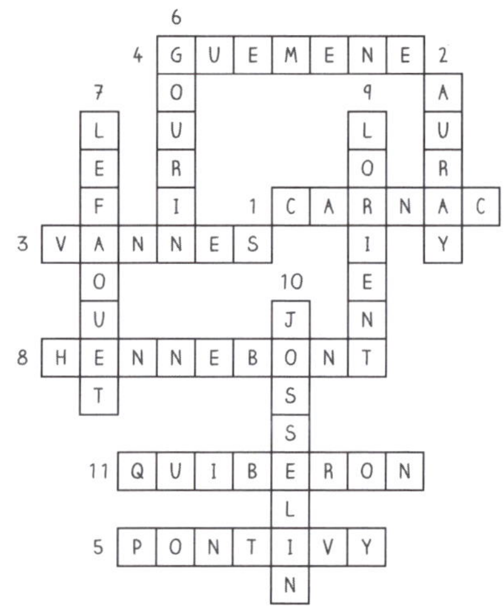

PAGE 84

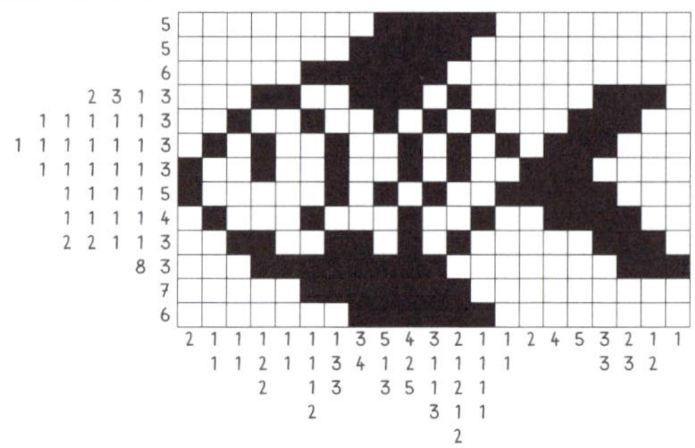

PAGE 85

Mot à trouver : Yann Tiersen

PAGE 96

Nolwenn – Erwan – galoche
Rozenn – Yann – Quilles
Loïc – Yvon – boules bretonnes
Gwenola – Katell – Gouren

PAGE 97

Le Morbihan, espèce de mer intérieure, qui monte et descend sous la pression des marées du grand Océan, s'étend devant le port de Vannes. Il le faut traverser pour gagner le large.
Il est plein d'îles, d'îles druidiques, mystérieuses, hantées. Elles portent au dos des tumulus, des menhirs, des dolmens, toutes ces pierres étranges qui furent presque des dieux.

PAGE 106

Caroline – coquilles Saint-Jacques gratinées – moules au chouchen
Chloé – soupe aux cocos de Paimpol – poulet au cidre
Clotilde – artichauts farcis à la sardine – kig ha farz
Constance – langoustines grillées – cotriade bretonne

PAGE 107

Et voilà le grand charme de cette contrée ; elle est la nourrice des légendes. Mortes partout, les vieilles croyances demeurent enracinées dans ce sol de granit. Les vieilles histoires aussi sont indestructibles dans ce pays ; et le paysan vous parle des aventures accomplies quinze siècles plus tôt comme si elles dataient d'hier, comme si son père ou son grand-père les avait vues.

PAGES 118-119

Le bon drapeau est le 3.

PAGE 128

Mot à trouver : Sainte Anne

PAGE 129

Les horaires de levers et couchers du soleil donnés dans cet Almanach 2023 correspondent à ceux de Clermont-Ferrand.

Crédits photographiques

© Shutterstock.com sauf :
P. 7 bas : shutterstock/Worldpictures
P. 11 haut : shutterstock/Ackab photography
P. 12 bas gauche : shutterstock/Roberto Lusso
P. 13 bas, 45 bas, 71 haut et 109 haut : shutterstock/Aygul Bulte
P. 18 : shutterstock/Sergii Rudiuk
P. 20 haut : shutterstock/Alina Sun
P. 30 bas : shutterstock/Verderie Yann
P. 34 haut et 130 bas : shutterstock/Pack shot
P. 34 bas : shutterstock/Boris15
P. 41 : shutterstock/Isogood Patrick
P. 42 haut : shutterstock/Oligo22
P. 54 bas et 69 : shutterstock/Breizh Atao
P. 63 (4) : shutterstock/Chris Hall
P. 63 (7) : shutterstock/Ruediger Ettl
P. 66 bas et 120 : shutterstock/Art of sun
P. 68 bas : shutterstock/Marco Frassinelli
P. 74 et 135 bas : shutterstock/ilolab
P. 80 haut : shutterstock/Joaquin Ossorio Castillo
P. 86 : shutterstock/kiev.victor
P. 89 : shutterstock/Mario Breda
P. 95 haut : shutterstock/Tada images
P. 99 bas : shutterstock/HJBC
P. 112 bas : shutterstock/Sylva1rob1
P. 114 bas gauche : shutterstock/Rudy Mareel
P. 117 haut : shutterstock/Saad315
P. 138 bas : shutterstock/Wantandoo
P. 138 haut : shutterstock/Pete Stuart

P. 13 bas : Istock/Istock /Saintho
P. 27 bas : Istock/Aygul Bulte
P. 47 : Istock /Duncan1890
P. 63 (5) : Istock/Guy Ozenne
P. 110 bas : Istock/Gwengoat

P. 40 : Wikimédia / Massecot
P. 82 : Jean-Luc Bailleul

Sources données lunaires : Institut de Mécanique Céleste, www.imcce.fr

Direction : Guillaume Pô
Direction éditoriale : Élisabeth Pegeon
Édition : Julie Quillien
Direction artistique : Isabelle Mayer
Mise en pages : Jennifer Faisant
Direction de fabrication : Thierry Dubus
Suivi de fabrication : Sonia Romeo
Jeux mots mêlés, textes à trous, logigrilles et dessins logiques : Nicole Masson et Yann Caudal
1re édition - N° d'édition : V22037
ISBN : 979-1-0271-0725-4
Code MDS : VA07254

Achevé d'imprimer en juillet 2022 sur les presses de Graphycems (Espagne).
Cet ouvrage est composé de matériaux issus de forêts bien gérées certifiées FSC™ (Forest Stewardship Council™) et d'autres sources contrôlées. Il est imprimé grâce à des encres à base d'huile végétale, garantissant la démarche de développement durable de l'éditeur et de l'imprimeur.

FSC www.fsc.org MIXTE Papier issu de sources responsables FSC® C007507

Dépôt légal : août 2022
www.vagnon.fr